"读懂中华文明"系列

读懂三代文明

华惠 编著

远方出版社

图书在版编目（CIP）数据

读懂三代文明 / 华惠编著. -- 呼和浩特：远方出版社，2024.9
（"读懂中华文明"系列）
ISBN 978-7-5555-1961-4

Ⅰ.①读… Ⅱ.①华… Ⅲ.①文化史—研究—中国—三代时期 Ⅳ.①K221.03

中国国家版本馆CIP数据核字（2024）第111530号

## 读懂三代文明
### DUDONG SANDAI WENMING

| | |
|---|---|
| 编　　著 | 华　惠 |
| 责任编辑 | 奥丽雅 |
| 封面设计 | 李　玉 |
| 版式设计 | 姚　雪 |
| 出版发行 | 远方出版社 |
| 社　　址 | 呼和浩特市乌兰察布东路666号　邮编 010010 |
| 电　　话 | （0471）2236473总编室　2236460发行部 |
| 经　　销 | 新华书店 |
| 印　　刷 | 北京洲际印刷有限责任公司 |
| 开　　本 | 710毫米×1000毫米　1/16 |
| 字　　数 | 147千 |
| 印　　张 | 13.5 |
| 版　　次 | 2024年9月第1版 |
| 印　　次 | 2024年9月第1次印刷 |
| 标准书号 | ISBN 978-7-5555-1961-4 |
| 定　　价 | 66.00元 |

如发现印装质量问题，请与出版社联系调换

# 前　言

夏朝（约公元前2070—公元前1600），中国史书中记载的第一个世袭制朝代。夏朝历史上惯称为"夏"。禹传位于子启，改变了原始部落的禅让制，开创了中国近4000年世袭王位之先河。

商朝（公元前1600—公元前1046），又称"殷""殷商"，是中国历史上的第二个朝代，也是中国第一个有直接的、同时期的文字记载的王朝。夏朝诸侯国商国君主商汤率诸侯国于鸣条之战后灭夏，在亳（今属河南商丘）建立商朝。之后，商朝国都频繁迁移，至盘庚迁殷（今属河南安阳），国都才逐渐稳定下来。商朝在殷建都200多年，所以商朝又被称为"殷"或"殷商"。

周朝（公元前1046—公元前256），中国历史上继商朝之后的又一个奴隶制王朝。周朝分为"西周"（公元前1046—前771）与"东周"（公元前770—公元前256）两个时期。西周由周武王姬发创建，定都镐京（史称"宗周"，今属陕西西安）。周成王五年（公元前1039年），营建东都成周（洛邑，今属河南洛阳）。周平王元年（公元前770年），周平王东迁，定都洛邑，此后周朝的这段时期在历史上被称为"东周"。

夏商周时代，是古代中华文明由萌发走向兴盛的关键阶段，是中华文明初步定型的时期。从尧舜时代的天下为公到启继父位家天下局面的出现，从夏朝的建立到商周中华文明的辉煌灿烂，中华儿女创造出惊人的文化成就，在生产方式、社会结构、思想文化各个领域，开拓出中华民族独特的历史发展之路。

　　了解悠远的时代，解读悠久的中华文明，为弘扬中华优秀传统文化，普及历史知识，本书通过优美生动的文字、简明通俗的语言、图文并茂的形式，全面展示了夏商周三代的文明，包括政治、经济、文化等方面。

# 目录

## 第一章 古韵瑰宝——甲骨文中的文明印记

汉字的雏形——甲骨文 …………………………………… 002

甲骨文中的农业生产 …………………………………… 004

甲骨文中神奇的巫医文明 …………………………………… 007

甲骨文记载的神学与科学 …………………………………… 009

西周甲骨考古印记 …………………………………… 011

扩展阅读　龙骨复苏 …………………………………… 014

## 第二章 独树一帜——夏商周青铜器文明

青铜与青铜器文明 …………………………………… 018

商代青铜文明 …………………………………… 020

西周青铜文明 …………………………………… 021

优美洒脱的殷商"钟鼎文" …………………………………… 025

美轮美奂的青铜器纹饰 …………………………………… 028

青铜器之最——后母戊鼎 …………………………………… 034

四虎铜镈与鸟纹三戈 …………………………………… 036

青铜重器毛公鼎 ……………………………………………… 039

三代青铜酒器 …………………………………………………… 041

扩展阅读　贵重的重金络壶 …………………………………… 046

## 第三章　古陶溯源——夏商周陶器工艺

陶器的起源 …………………………………………………… 048

夏代的陶器 …………………………………………………… 052

商代的陶器 …………………………………………………… 054

周代的陶器 …………………………………………………… 056

早期的彩陶文化 ……………………………………………… 057

商代的白陶 …………………………………………………… 059

扩展阅读　美丽的陶器传说 …………………………………… 061

## 第四章　蒸蒸日上——百业并举的新时代

农业工具的改进与增加 ……………………………………… 064

夏商周的养猪业 ……………………………………………… 067

夏商周的渔业 ………………………………………………… 070

雕花木漆器及骨器、牙器 …………………………………… 073

精美的玉石器 ………………………………………………… 075

扩展阅读　丝织业的初步发展 ………………………………… 077

## 第五章　抱布贸丝——华夏商贸文明的发端

古老的物物交换 ……………………………………………… 080

古代钱币的出现 ……………………………………………… 082

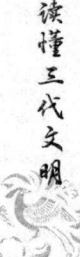

三代生产力的发展状况 083
西周的商业文明 085
扩展阅读　姜子牙经商 087

## 第六章　服牛乘马——畜力运用促进交通文明

夏朝的驯马技术 090
夏朝的道路交通 092
牛马运用与商路发展 095
商代的役象文明 099
西周的交通 101
西周的车马管理 106
西周的道路养护 109
扩展阅读　烽火戏诸侯 112

## 第七章　探本溯源——古老的华夏制度文明

帝制文明——世袭制 116
井田制文明，从鼎盛到衰败 120
夏商周的律法制度 123
西周的宗法制与分封制 127
夏、商两代的官制 130
最早出现的财物摊派 132
夏、商、西周的赋役制度 135
三代的国家收入 138
扩展阅读　夏启西征 142

## 第八章　金声玉振——袅绕千年的三代乐舞

三代时期的乐舞 ················································· 146

礼乐的政治作用 ················································· 149

乐之八音 ······················································· 151

三代的音乐教育 ················································· 154

古老的巫舞 ····················································· 158

乐舞奴隶与舞蹈文化 ············································· 162

多彩的周朝乐舞 ················································· 164

奇伟之戏 ······················································· 169

扩展阅读　乐钟与乐鼓 ··········································· 171

## 第九章　淳朴氤氲——三代家具巡礼

古人的坐、卧家具——席 ········································· 176

漆器在家具文明中的运用 ········································· 179

极具权威的礼器家具 ············································· 181

三代家具装饰 ··················································· 183

扩展阅读　商代的妇好三联甗 ····································· 185

## 第十章　三代体验——夏商周日常生活记事

夏商周时代的交际文明 ··········································· 188

商代的饮食文化 ················································· 191

商周时代的建筑文明 ············································· 194

绚丽多姿的服饰文明 ············································· 199

西周时期的城市生活……………………………………201
扩展阅读　大禹功绩……………………………………204

目录

# 第一章

## 古韵瑰宝——甲骨文中的文明印记

甲骨文是中国商周时期刻在龟甲和牛、羊等兽骨上的文字,是汉字的书体之一,是迄今发现的中国古代文字中最早、体系较为完整的文字,对中国文字的形成与发展有深远的影响。甲骨文促进了绵延数千年的中华文明的形成。

## 汉字的雏形——甲骨文

甲骨文是商周时期的文化产物，距今已有3000多年的历史。

甲骨文是一种卜辞和与占卜有关的记事文字，之所以把这些文字刻在龟甲或兽骨上，是因为古人认为其能通神。灵龟为中国古代神话中守护四方的四神之一，即所谓"左青龙右白虎，前朱雀后玄武"，北方之神玄武就是灵龟的化身。由于古代生产力低下，科学技术不发达，很多事情都不能得到合理解释，于是古人就创造出一套原始宗教系统，有什么事都靠占卜来决定，通过灵媒沟通人神，通晓天意。远古的三皇五帝每决定重大之事时，都要进行占卜，商人更是迷信不已。商人信鬼神，天天卜，遇事卜，大事小事都要卜。他们一般把龟壳或兽骨取来，用凿子在上面打几个凹槽，然后用火在打的凹槽下面烧，龟壳或兽骨的表面就会出现裂纹，巫师们根据这些裂纹预测吉凶祸福。因为他们不管什么事都要占卜，所以留下了很多占卜的记录，这些占卜记录被青铜刀或玉刀刻在龟壳或兽骨上，就成了我们今天所看到的甲骨文。

自1899年王懿荣首次发现甲骨文以来，到目前为止，一共发现了十几万片甲骨。关于这一数字，学术界尚有争议。

甲骨文使用象形、指事、会意、形声、假借等多种造字方法，是我国目前已发现的古代文字中最早、体系较为完整的文字。甲骨文多用刀刻成，有先书后刻和以刀为笔直接刻写两种形式。从书法角度来看，甲骨文已经具备后世书法的用笔、章法、结字诸要素；从用笔角度来看，殷商时期刻工运刀如用笔，表现出书法的某些用笔特征。

甲骨文

因为有用墨或朱砂写成的甲骨文，表明这个时期已有类似毛笔的书写工具。甲骨文的形体或长或短，疏密错落，变化丰富，已具备最初的章法形式。甲骨文的结字既有重心稳定、搭配匀称的对称美，又有一字多种结构的变化美，以复杂组合而呈现多样统一性，方圆结合，开合有度，表现出原始书法艺术的形式美。因刀不同于笔，刻时不易转，直线较多，所以甲骨文的形态以方折为主，表现出瘦劲、峻挺的特征。

甲骨文的内容涉及商代社会的各个领域。从甲骨文中有关商代阶级和国家的资料可知：商代的奴隶和平民有刍、羌、仆、奚、妾等，奴隶主和贵族有先公、先王、高妣某、妣某、母某、子某等；各级官吏则有臣、尹、史、犬、亚、马、射、侯、伯等；军队有师、旅等；刑罚有刖、劓等，并设置了监狱。甲骨文中也记载了商代人殉、人祭的情况，对我们了解商代的社会性质有很大的帮助。商王朝经常对外发动战争，被征服的邻国对商王朝称臣纳贡，进献的物品主要有马、牛、羊、象、龟等。

### 甲骨常识

甲骨，通常指中国古代占卜时用的龟甲和兽骨。龟甲又称"卜甲"，多用龟的腹甲；兽骨又称"卜骨"，多用牛的肩胛骨，也有羊、猪、虎等的肩胛骨。

使用甲骨进行占卜，首先要取材、锯削、刮磨；然后用工具在甲骨上钻出圆窝，在圆窝旁凿出凹槽，此过程被称为"钻""凿"；再用火灼烧甲骨，根据甲骨裂纹判断吉凶。

目前出土的甲骨已有十几万片，相关的研究有释读文字、卜法文例分析、分期断代研究和社会历史考证等。一般的研究步骤是整理、缀合、墨拓、分类、分期、著录、释读和综合研究。

## 甲骨文中的农业生产

农业是商代的主要生产部门，从甲骨文中反映的农业状况可知，商代的农业生产已经处在一个较为发达的水平。首先是农作物品种丰富，后世所称的"五谷"，即稷、黍、麦、稻、豆都已经齐备，有的作物甚至有不同的品种。"禾"字在甲骨文中有两种字形,一种是没有穗的,一种是有穗且穗是聚而下垂的。甲骨文中常见商王"受禾""受年"的内容,卜问禾的收成。甲骨文中还有从禾茎叶间数小点或圆圈的字,叶间小点少则2点,多则5点,点、圈的多少没有规定。有专家认为这些小点是水点,这种作物从禾聚穗下垂,属于禾类,是一种谷子。还有一种叫秫的禾,即黏高粱。黍,甲骨文字形为𣎳,今称作"黍子"或"糜子",去皮叫"黄米"。黍也分为黏与不黏两个品种,黏的被称为"黍",不黏的被称为"糜",表现在甲骨文中就是带"水"的黍是黏的,不带"水"的黍是不黏的。甲骨文中,"麦"字有作为地名的辞例,也有作为主食麦子的例子。甲骨文中的"食麦"即吃麦子。豆,甲骨文字形为𠄌。黍和豆的收成都是商王关心的大事。稻,据汉代学者许慎《说文解字》中的解释,稻即稌也。根据学者研究,从甲骨文中考释出来的农作物品种已经很多,这反映了商代的栽培技术。商代实际种植的农作物品种一定比甲骨学专家们从甲骨文中辨认出来的多。甲骨文中对商代的生产工具也有所记载,有起土的工具如锸、耒、犁,有锄草的工具耨,还有收割工具镰和刀。

甲骨文也记载了商代农业生产的过程。商代农业生产从耕地的选择到收获、储藏,在甲骨文中都有反映。具体过程如下:第一是选择耕地,即"省田",省田的目的是看土地适合种植何种作物。商代已有上田和湿田的区别,上田就是冈上的土地,湿田就是低洼处的土地。第二是清除田地表面的草木。耕种首先要去除田地里的草木,甲骨文中有关于除田间杂草的占卜记录。第三是垦荒。甲骨文中作"衰田",时间一般是五六月和十二月,这时可垦殖荒地。第四是翻耕土地。甲骨文中称作"协田""耤田",这是春播前的翻土工作。第五是整理土地,就是把开过荒的土地做出垄来,变成正式的田亩。第六是施肥。华北平原农村种地讲究施底肥,在播种前将农家肥推到田间,翻耕前用铁锹将其散开,耕田时就会将肥翻压在土里。据甲骨文记载，这一农事在年节前后。商代饲养牛、马、羊、猪等时已经使用圈栏，牲畜之粪便可以肥土，这是商人已经知道的事实。第七是播种。在甲骨文中表示播种的方式是直接出现农作物的名字，出现哪种农作物即为播种哪种农作物。播种的方式多是撒播、点播或条播。第八是田间管理。商人比较重视田间管理，甲骨文中有中耕除草、灌溉治水、治虫害等内容。第九是收获。收获有摘穗和割秆两种方法。第十是脱粒。有学者认为，甲骨文中有描绘古人打麦形象的字，即一手持麦，一手持条击打麦子。最后一步是储藏。粮食的储藏在甲骨文中称作"廪"。商代的廪多建在商都以南，在甲骨文中称其为"南廪"，在其他地方也建有廪。商王经常派人前往巡视，以保护廪的安全。

据甲骨文记载，参加农业劳动的主要是被称为"众"或"众人"的一种人。"众"或"众人"在商王和有关官员的组织下进行集体劳动，如从事协田、衰田、耤田、收割等，是为商王室耕作。甲骨文反映了商代在农业管理方面已建立完善的体制。首先，商王亲自下令从事农业生产活动，如"大令众人协田"。其次，商王室专设主管农事的官员，甲骨文中称其为"小臣"；主管农业直接劳动力"众人"的，被称作"小众人臣"；主管收割的官员被称为"小刈臣"。甲骨文中还有"尹""多尹"，从事农业生产的管理工作，"尹"就是官长的意思。再次，甲骨文中记载有商王令王官去管理某种农事的事迹。商王和臣僚对农事的管理贯穿农事的全过程，从省田、收割到储藏都受商王的关注。此外，商王还定期举行祈求丰年或找出是谁为害禾稼的占卜仪式。这一系列事实都反映了商代对农业的重视。

## 甲骨文中神奇的巫医文明

远古的人往往把疾病产生的原因归结于得罪了超自然力量。商代时期，这种思想依然存在。商人生病的时候，首先想到的就是病人一定冒犯了某种力量，想要让病人恢复健康，就要请巫师为病人赎罪，以消除病人的病痛。甲骨文中这样的例子不在少数。巫师们本就是当时社会中的精英，多数通晓医理，在实施巫术的同时辅以其他治疗手段，从而达到治病救人的目的。

考古人员曾发现大批不能食用、但可药用的植物种子，这些就是商人种植药物的证明。这些药物种子分门别类地成批出土，表明用药物治病是商人治病救人的重要手段之一。中国古代文献《素问》中就有商朝开国大臣伊尹使用药物的记载，为商代已使用药物治病提供了佐证。

商代不仅有药物治疗，还有针刺、灸、按摩等治疗方法。商人一般用针刺的方法治疗身体上某个部位的肿胀。灸法治疗目前只能从甲骨文记载中探究一二，但很多专家都认为商代已经掌握了灸法治疗。按摩是一种古老的医疗手法，在甲骨卜辞中就有为商王按摩的记载。商人对疾病的认

《素问》书影

识已经达到相当高的水平。当时的巫师不仅能识别疾病,还能对它们进行详细划分。甲骨文中有头、目、耳、鼻、口、齿、胸、腹、手、肘、胫、趾、脚掌等不同身体部位患病的记载。这些疾病诊断资料在中国医学发展史上意义重大,是目前已知有关疾病的最早记录。商代生产力低下,劳动力的多少直接影响食物产量的多少,多一个人就能多一分力,所以商人特别注重生育,这也为当时妇产科的发展提供了很好的机会。

## 甲骨文记载的神学与科学

商代统治者为了巩固统治，大肆宣扬"天命观"，科学和迷信在统治者的大力宣传下不可思议地结合到一起。

中国早在远古时代就开始研究历法。自然界奥妙无穷，使得古代先民相信一切都是和超自然力量联系在一起的，所以对于他们来说，研究天文历法和祭祀祖先、占卜吉凶同样重要。早在夏代就已经有了著名的夏历，在商代也有专门研究天文历法的人员，他们把以往的天文历法知识进行整理，形成了一定的系统。

通过对甲骨文材料的分析，学者们对商代历法有了较为一致的看法：商代使用的是干支纪日、数字纪月；月有大、小之分，即大月30日，小月29日；另外，商代已经用闰月来调整节气和历法的关系了。天干纪日法可能在夏代就已经出现，就是用甲、乙、丙、丁、戊、己、庚、辛、壬、癸十个天干周而复始地纪日，从而产生一旬的概念。到了商代，人们进而把天干同子、丑、寅、卯、辰、巳、午、未、申、酉、戌、亥十二地支相配合，组成六十天干地支。用干支纪日，60日一个循环，正好是两个月。现在出现在农历中的春分、夏至、秋分、冬至至少在商朝末期就已出现。

甲骨文中还保存了许多关于日食、月食的记载。商人认为，太阳和月亮的变化和人类生活息息相关，而发生日食、月食则预示人世间将发生灾祸。因此，每当发生日食或月食时，人们总是奔走呼喊，击鼓并举行祭祀，以此来驱赶凶险。由于这一原因，商人把太阳和月亮看作是和人类关系比较密切的神灵。甲骨文卜辞中记载了很多次日食现象，现今被认定确实存在的日食至少有5次。商人在观测日月的同时，还观测星星。在他们看来，星星也是神，和太阳、月亮一样，具有主宰天地的能力。《尚书》中有商人认为星象出现预示灾难来临的记载。在商王看来，既然星星具有神性，就可以影响人间的事务并保佑商王，甲骨文中也有商王祭祀火星的记载。商代还有关于流星雨的记录，这些记录对于研究中国古代陨石雨有很大的帮助。

商代天文学的发展促进了相关科学技术的发展。甲骨文中记载有晴天、下雨、刮风、降水等不同天气状况，可见当时人们在长期的天文观察和农业生产中积累了丰富的气象知识。商人观测日月星辰还有一个目的，就是为农业生产服务。比如，通过观察太阳的方位来定时辰，用太阳的影子变化来定时刻；通过观测星象来定历法，把一年分作春、夏、秋、冬等。这些成果虽然是在神秘意识的支配下衍生的副产品，但展现了商人对自然规律的认识。

由于研究历法需要很多数学知识，我们发现商人已经很用心地在进行数学方面的研究了。从甲骨卜辞中可知，商代已有奇数、偶数和倍数的概念，并且已经学会用一、二、三、四、五、六、七、八、九、十、百、千、万这些单字记十万以内的任何数字。可以说，十进制是中国人民的一项杰出创造，在世界数学史上有重要意义。著名的英国科学史学家李约瑟教授在其《中国古代科学技术史》中曾对中国商代记数法予以很高的评价。他认为商代的数字系统比同一时代的古巴比伦和古埃及更先进、更科学，如果没有这种十进制，就几乎不可能出现我们现在这个统一化的世界了。

学者们通过研究甲骨文，证实商人可能已经会做自然数的加减法和简单的乘法了。甲骨文记录的只是运算结果，没有运算过程，所以现在我们还不知道他们的具体算法。不过可以肯定的是，早在商代，中国的数学就已经走在了世界前列。

## 西周甲骨考古印记

甲骨并非殷商专有，西周也有甲骨。

1954年，在山西省洪赵县（今属洪洞县）坊堆村周代遗址中发现2片卜骨，其中一片刻有文字。

1956年，陕西省西安市张家坡出土2片骨簇、25片卜骨和10片卜甲，其中3片卜骨有刻辞。

1975年，在北京市昌平县（今昌平区）白浮村周初燕国墓地出土有字卜甲10余片。

1977年至1979年，在陕西省岐山县凤雏村西周宫殿遗址西厢二号房两窖穴内出土甲骨1.7万余片,其中有字甲骨约300片。同时期在与凤雏村相邻的扶风县齐家村发掘、采集到有字甲骨5片。

20世纪90年代后,甲骨发掘又有了新的发现。1991年,在河北省邢台市南小汪村西周遗址发现有字西周卜骨1片。1996年,在北京市琉璃河镇燕都遗址发现刻字龟甲3片,其中一片刻有"成周"二字。

在1950年至1996年的40余年中,在山西、陕西、北京、河北四省市的多处遗址中发现了多片有字甲骨。当然,从数量上看,实在无法与殷商的有字甲骨相比,但西周甲骨的发现拓展了甲骨学的领域,为西周史的研究提供了新的、切实可靠的材料,因而理所当然地在国内外学术界引起了较大的反响。

在西周甲骨(主要是周原甲骨)的整理、研究方面,学者们做了大量工作,取得了相当可观的成绩。

近年来,对西周甲骨的研究,主要集中在以下几个方面:

1. 周原甲骨特点、特征研究

周原甲骨与殷商甲骨从所用材料、文字形体及社会功用方面看属同一体系,有不少共性,但周原甲骨有诸多自身的特点、特性。这主要表现在甲骨的整治方法、钻凿形态(绝大部分卜甲的钻凿形态是方形)、刻辞与卜兆分布关系(如顺着兆枝的走向,也就是朝着腹甲中线"千里路"横向纵行,这是在商代卜辞中没有见过的)、字迹(有的直径仅为1毫米,小如粟粒,须用放大镜放大数倍才能看清)、卜辞格式(商代完整卜辞,由前辞、贞辞、占辞、验辞等部分组成,且正、反对贞,周原卜辞则没有这么规范)等。

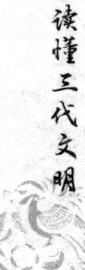

## 2. 归属

有学者认为，周原甲骨不是周族的而是商王室的，是殷商末年商纣王时掌管占卜的卜人投奔周人时携带过去的，其中可能有一小部分卜甲属于周人。亦有学者认为，周族缺乏文化人，推测周原甲骨刻辞的作者亦"出自殷人"，意思是说，东西虽然是周人的，但是由殷人之手为之。还有学者认为，凤雏周原甲骨从整体上讲是周人的，但也有为数不多的商人甲骨，他们认为"这些殷人甲骨在周人发祥地与记有周人重大活动的'档案'同出"，作为周人的战利品出现。将作为战利品的殷人甲骨存放在周原，一是发泄对殷人的仇恨，二是炫耀胜利并使后世子孙永不忘记。因此，有的学者认为，这些甲骨为殷末叛臣太师、少师或内史挚携来，或是武王伐纣后劫掠而来，可存为一说。

## 3. 证史、考史

周原有字甲骨虽总量不大，但相对说来其记事成分颇重，人名、地名、方国名、官爵名等对于古文献互证研究、了解周人及西周前期的历史有很大帮助。

过去学界对周人后期是否已进入文明时期的看法很不一致，且多数人持否定态度。现据周原甲骨之文王称王、四处征伐、官爵称号、占卜文字等内容可知，文王时代的周人确已进入国家时期，文王也早已不再是亲自耕作、放牧牛羊的氏族大酋长了。

从周原甲骨看，当时周人曾征伐过蜀、巢、密等方国部落，同楚、鬼、虫（崇）等亦有交往联系，说明文王时已征服了西北、西南的一些方国部落，并同一些方国部落关系亲密，从而为日后武王克商打下了良好基础。

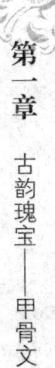

## 扩展阅读　龙骨复苏

关于甲骨文的发现,还有一段传奇的故事。这些龟甲、兽骨在地下沉睡了数千年,直到清光绪二十五年(1899年)才被发现。当时河南省安阳城西北方向的小屯村洹水决堤,冲出了许多甲骨,人们开始以为是龙骨,便用来当药材治病。这些龙骨被药材商收购之后,辗转卖到各地。

一年夏天,当时官居国子监祭酒的著名学者王懿荣得了疟疾。他懂得医术,自己开方子,命人从菜市口一个药店抓了一服中药。手下人买回去之后,他一检查,发现药中所抓的龙骨上面有刻画痕迹,便仔细地瞧了瞧。这一瞧不要紧,他发现这些痕迹似乎是某种文字,其字类似于金文,历史相当久远。王懿荣凭着自己广博的文史知识,断定这是文字。他非常高兴,马上命人去那家药店把龙骨全都买了下来。在不到一年的时间里,他收集各类骨片1500多片,并对其进行初步研究,确认这些龟甲、兽骨上的文字就是殷人的"刀笔"文字,当时人们称其为"契文""刻辞"或"书契"等。学者王懿荣对甲骨文的偶然发现,为中国研究殷墟甲骨文字之始。自此以后，殷墟甲骨从药材变为可研究的文物，是史学家研究殷商史的原始文献。然而遗憾的是，被誉为发现甲骨文第一人的王懿荣与甲骨文的缘分却只有不到一年的时间，就在王懿荣发现甲骨文的第二年，即1900年，八国联军进攻北京，清政府任命身为文职官员的王懿荣为京师团练大臣，率兵防守京城，因寡不敌众，王懿荣惨败而归。在家里，他毅然写下"主忧臣辱，主辱臣死"的绝命词，携夫人及儿媳投井自尽，以身殉国。

王懿荣有一个非常要好的朋友，就是因写《老残游记》而闻名的清代文学家刘鹗。王懿荣为官清廉，家中没有余钱，他死后，家人想把他的遗体运回老家山东福山（今山东省烟台市境内），但又无能为力。这时，有人建议王懿荣的儿子把他父亲收藏的甲骨卖掉，刘鹗听说这一消息，生怕这些甲骨再次遗失，于是就把王懿荣收藏的甲骨全买了下来。刘鹗一来收购王懿荣的甲骨，二来自己搜集。当时他跟罗振玉关系很好，罗振玉在刘鹗家中看到这些甲骨，觉得这些甲骨意义重大，就敦促刘鹗把它编成书出版。此书就是著名的《铁云藏龟》，是甲骨学史上第一部甲骨文著录书。过去王懿荣搜集甲骨秘不示人，只是作为古董放在家里欣赏，学术界知道的人很少，更无法对其进行研究，而刘鹗的贡献在于他使得甲骨文的广泛研究成为可能，对后世甲骨研究产生了深远影响。从此以后，甲骨文流向学术界，由学者的书斋走向了社会，由古董变成了史料。

# 第二章

## 独树一帜——夏商周青铜器文明

从使用石器、木器到制造青铜器,这一过程是人类社会生产发展史上的飞跃,表明人类利用自然的能力大大提高。夏商周时期,青铜工艺在世界上独树一帜,青铜铸造是商和周手工业的主要部门。笼统来说,夏商周三代又被称为我国的"青铜时代"。

## 青铜与青铜器文明

青铜是一种铜合金。铜合金是以铜为基础，加入其他金属或非金属元素组成的金属材料。传统上将铜合金分为黄铜、白铜、青铜三大类。黄铜是铜与锌的合金，白铜是铜与镍的合金，青铜是铜与锡的合金，因颜色呈青色，故名"青铜"。

什么是中国青铜器？中国青铜器最早产生于什么时候？这一问题无论是对青铜器的收藏家，还是对有志于学习青铜鉴定技术的人来说都是一个必须先弄清楚的问题。中国青铜器，顾名思义，就是中国的青铜器物。从考古学上来说，中国青铜器指商代和两周时期的青铜器物，这些器物以铜质为主，加入少量锡和铅浇铸而成，因器物颜色呈青色而得名。青铜器物的种类主要有工具、兵器、烹饪器、食器、酒器、水器、乐器、车马器等，形制多样，纹饰精美，铭文不仅是书法艺术瑰宝，而且是研究中国古代史的重要资料。商代和西周前期的青铜器物，形制端庄厚重、精细华丽，纹饰多为饕餮纹、夔龙纹、动物纹及几何图形，铭文苍劲古朴，字数一般较少。从西周中期到春秋中期，青铜器的风格趋于简朴，形制放达随意，纹饰也多为粗线条的几何图形，但长篇铭文比以前增多，这或许是文字较之前发达的缘故。春秋后期至战国时代的青铜器，形制轻薄精巧，纹饰除动物纹、几何纹外，还有用细线雕刻的狩猎、战争及宴会等图案。

夏朝网格纹鼎

青铜器是一个划时代的创造，是奴隶社会生产力发展水平的重要体现，夏商周时期属于中国的青铜时代。中国青铜器最早出现在什么时候呢？这一问题目前尚难定论。一般认为，早在传说中的炎黄时期就已经出现了青铜器。有一则故事叫"蚩尤作兵"，蚩尤和黄帝双方"战于涿鹿之野"，交战之初，蚩尤节节胜利，因为他们拥有戈、殳、戟、矛这几类兵器，估计这些兵器就是用青铜制成的。后来，黄帝扭转战局，制服了蚩尤。《子华子》记载，为庆贺胜利，黄帝派人去首山采铜矿，然后将矿石运到荆山脚下铸鼎，作为战争胜利的纪念。

这些传说故事似乎说明早在炎黄时期，我国就已经出现了青铜器，但无论是"蚩尤作兵"还是"黄帝铸鼎"毕竟都是传说，不足为据。若以我国出土的最古老的青铜器——马家窑青铜刀而论，中国青铜制品最早出现的时间距今已有5000多年，即夏朝建立之前就已经出现了。甘肃东乡林家马家窑文化遗址出土的青铜刀是用两块范闭合浇铸而成，是我国目前公认的最古老的青铜制品，年代约在公元前3000年。这一发现足以说明，中国青铜器最早产生的时间当在距今5000多年以前。

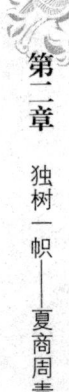

# 商代青铜文明

二里冈时期商文化是介于二里头夏文化和殷墟晚商文化之间的一种考古文化。根据地层关系和出土遗物，可将其分为上下两层，每层又分早晚两段。其典型遗存包括郑州商代遗址、偃师尸乡沟商城、小双桥遗址、盘龙城。河南郑州出土了很多商代早期的青铜器，这是郑州商为商代早期都邑之故。

综合各地出土的器物，计有鼎、鬲、甗、簋、爵、觚、斝、罍、瓿、壶、盘等，包括了食器、酒器和水器等门类。时间越早则器类越简单，但是由爵、觚等组合而成的成套酒器，在当时也已出现。二里冈上层青铜器的器形更为全面，有的器壁已相当厚重。商代青铜礼器的体制已形成。属于二里冈下层的青铜器，器壁普遍较薄。

商代青铜器具有独特的造型。鼎、鬲等食器三足，必有一足与一耳呈垂直线，在视觉上有种不平衡感。鼎、斝等柱状足或锥状足与器腹相通，这是由于当时还没有掌握全封闭浇铸范芯的技巧。方鼎形制较大，容器部分作正方深斗形，与殷墟时期的方鼎完全不同。爵的形制继承二里头夏文化中爵的式样，一律为扁体平底，流甚狭而长。

　　商代青铜器纹饰的主体多是饕餮纹，由粗犷、回旋的线条构成，多出现在器物的主要部位，如腹部、颈下，多为阴刻，个别主纹出现了阳刻。此外，商代青铜器的纹饰还有一些是几何纹，早期的几何纹极其简单，有一些粗率的雷纹，也有单列或多列的连珠纹，乳钉纹在当时也已出现。

　　商代早期的青铜器极少有成段的铭文，多是一些零散的氏族族徽或勒工之名。

　　商代晚期，青铜器纹饰发达，艺术装饰水平达到这一时期的高峰，花纹总体风格森严庄重，也出现了以记事为主的长铭文。

# 西周青铜文明

　　从出土的青铜器来看，西周前期的青铜器大体继承了商代后期的青铜器风格。两个时期紧紧衔接，这是继承的一个客观因素。更主要的是，周灭商后，对从商和商的附属国俘虏来的手工业奴隶非常重视，周人早期曾大量利用商的手工业奴隶为自己生产，在青铜手工业上自然也不会例外，这促进了青铜制造业的蓬勃发展。当时的青铜手工业仍由奴隶主贵族垄断，作坊内设有工官，管理和监督工匠劳动。

西周前期的青铜器虽然继承了商代特点，变化不大，但在某些方面也出现了新的时代特色。

从总的特点来看，与商后期一样，西周前期的青铜器仍保持厚重庄严的风格，但在数量上远远超过了商代。西周前期的青铜器种类多样，主要有鼎、簋、甗、鬲与豆等食器；有爵、角、斝、觚、觯、尊、卣、壶、方彝、觥等酒器；有盘、匜、盂等水器；有禁等摆放尊的杂器；钟和铙的形制也趋于多样；兵器有戈、予、戟等类型，剑多为短剑；车马器出现了辖、銮铃、伏兔等；工具有铲。

组合上，商代爵、觚的组合逐渐被爵、觯和鼎、簋的组合代替。这一时期出现了3个以上大小相次的鼎组合形式。列鼎制度的改变，意味着礼制的加强。

在形制上，立耳圆腹平底的盆鼎，器身似敛口束颈罐的圆底罐鼎，器腹作袋足形实足、有双耳的鬲鼎，以及大口、双立耳外撇、浅腹的束腰平底鼎逐渐盛行。成康时期，鼎的另一个重要特点是腹下垂，最大腹径在下部，如康王时代的大盂鼎。鼎的这种特点在同时期的簋、卣、尊等器物的腹上也有表现。有的鼎在下面置盘，可用来温食，如宝鸡茹家庄出土的圆形鼎。除鼎外，其他器物的形制也呈多样化发展的趋势。

在花纹上，仍以饕餮纹和夔龙纹为主，少数以云雷纹作底纹。饕餮纹多富于变化，并逐渐图案化。夔龙纹多为张口、短身、躯体伸直或弯曲、尾部卷曲等样式，形成了这一时期富有特征的一种重要纹饰。鸟纹仍较盛行，但逐渐衍变成长尾高冠的凤鸟纹和分尾的长鸟纹。新出现的纹饰还有怪鸟纹（又可称"变形夔纹"和"变形鸟纹"）。此外，双身龙纹增多。在洛阳出土的一件铜觯的颈上还出现了兔纹。

在铭文上，西周前期的青铜器铭文在商代后期的基础上，有了很大的发展。商代多短铭，即使到了商晚期，最长的铭文也不过三四十个字，而西周前期的许多青铜器铭文发展到上百字。例如，武王时期的天亡簋，78字；成王时期的何尊，122字；康王时期的大盂鼎，291字；小盂鼎，近400字。铭文内容主要包括祭祀、征伐、赏赐和策命等。铭文书体沿袭商后期的笔法，中间用肥笔，首尾是出锋的波磔体。

综上所述，西周前期青铜器的特征基本与商后期相同，但在某些方面也出现了新的特征。这一时期青铜器的主要特点是器制厚重，造型与花纹庄严厚重，铭文严谨工整。

西周后期的青铜文明，一般指周共王至西周幽王时期，年代约为公元前10世纪中叶至公元前8世纪左右。

这一时期的青铜器，在种类方面很少见到爵、角、斝、觚、觯、方彝等酒器，但需注意，出现了盛食器——簠与盨，水器中出现了注水用的匜。考古发现中，匜常与盘共出，当为一套器具。甬钟从穆王时期的3件为一肆发展到大小8件为一肆，如扶风齐家村出土的柞钟。

在组合上，列鼎制度盛行。所谓列鼎就是在一组鼎内，每件鼎的器形、花纹相同，只是大小有别，按大小次序排列。天子用九鼎，诸侯七鼎，卿大夫五鼎，士三鼎，用鼎多少有着严格的等级规定。簋多成二、四、六的双数，鬲、壶等也多成对出现。

在器形上，三足鼎、甗多作蹄形足，典型的有宣王时期的毛公鼎。柱形足逐渐绝迹。鼎腹基本上有两种形式：一种为浅腹，圆形；另一种腹部呈扁圆形，如卫鼎。兽首衔环耳和侈口带盖，鼓腹，圈足下附三足是这一时期流行的簋的形式。鬲多作束颈、折沿、弧裆，与足对应的腹壁上往往各有一道扉棱。一种带有火灶的特殊形制的方形鬲也出现于这一时期，如故宫收藏的西周晚期刖人鬲。这一时期的壶肩上多有套环耳。鸟兽等形状的尊也很发达,如陕西岐山出土的子母牛尊,形象逼真,具有写实的特色。盘多有腹耳,少数带有流。戈的内与胡加长,援相对变短,前锋多呈等腰三角形。

在花纹上,具有神秘威严感的传统饕餮纹、夔龙纹逐渐被淘汰。饕餮纹常作为器足上端的装饰,不再作为主要纹饰,无腹足的身尾卷曲的变形夔龙纹开始盛行。凤鸟纹和分尾长鸟纹仍继续流行。这一时期出现了具有新的艺术风格的多种纹饰,主要有窃曲纹、瓦纹、环带纹、重环纹、鳞纹。这些纹饰一般都没有云雷纹衬底,纹饰简单朴素,给人一种粗犷潦草之感。因西周后期的青铜器多注重刻铭文记事,故常常不注重外表的装饰,所以素面和仅饰几道弦纹的青铜器占有很大比例。

在铭文上,上百字的长铭较多,书史性质很强。有关划分田界、交换田地,能起到法律契约作用的铭文是当时铭文的一种典型类型,如格伯簋、卫鼎。这些铭文是研究西周土地制度变化的重要资料之一。

综上所述,西周后期青铜器器形与花纹制作相对简单朴素,长铭较多,铭文书体趋于娴熟,青铜器制作已进入成熟阶段。

## 优美洒脱的殷商"钟鼎文"

青铜器上或铸或刻的字,现在一般称"青铜器铭文",也可称"金文"或"钟鼎文"。商代后期的青铜器已常见铸铭,这显然与殷商前期有别。这时较多的铜器铭文的出现,意义是不可轻估的。我们今天要研究和了解商代历史,如果单纯从《史记·殷本纪》《尚书·盘庚》等很少的文献材料入手,就太不科学严谨了。众所周知,20世纪以来,安阳殷墟甲骨文的发现对商史研究具有划时代的意义。商代铜器铭文就其数量与内容的情况看,虽然比不上甲骨文,但它对于揭示商代历史而言也是非常难得的资料,可以与传世文献和甲骨文相互补充和印证。例如,1976年,殷墟5号墓出土的许多青铜器上面都有"妇好"字样,在甲骨卜辞中也有"妇好"字样,经相互对照比较,5号墓中铜器上的"妇好"即商王武丁的配偶。王国维很早以前就提出研究古史的"二重证据法",即用地下发现的材料来印证和补充传世文献的不足,纠正古书记载上的失误。古书年代久远,屡经传抄刊刻,不可避免会有错误,而地下发现的材料一般没有这方面的问题,因而出土资料可以起到校正古书的作用。此外,铜器铭文也是

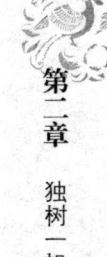

第二章 独树一帜——夏商周青铜器文明

研究汉字发展演变和书法艺术的重要资料。

青铜器的种类丰富而复杂，商代铭文在器物上的位置因器种的不同而不同。例如，鼎、簋的铭文常常在器内底或内壁，但有的簋盖内也有铭文，与器内底铭文组成对铭。鬲的铭文多在口沿内壁，豆铭在器内底部，爵、斝的铭文常在鋬内，觚铭在圈足内，觯铭在器内底或盖上，尊、罍的铭文在圈足内、盖内、器口内或腹内壁，卣铭多在内底、盖内或圈足内，方彝铭常在器内底，觥铭在盖内，铙铭在口缘内，戈铭在内上，矛铭在骹上，等等。

殷商后期，铜器铭文的字数一般是一个、两三个、十几个、几十个不等。一个字的多为氏族名，即族徽；长的如二祀邲其卣铭有39个字，四祀邲其卣铭有42个字，六祀邲其卣有29个字。河南安阳圆形葬坑出土的戍嗣子鼎有28个字，今藏于美国旧金山亚洲艺术博物馆的商代长铭器小臣艅犀尊有铭文26个字，今藏于美国华盛顿弗里尔美术馆的戍辰彝器内底、盖内铭文各35个字。

殷商铜器铭文是研究汉字发展演变的重要资料。文物证明，商代金文与甲骨文一样，已经是一种非常进步的文字。用东汉古文字学家许慎在其所著的《说文解字》中谈到的汉字的六种构造方法，即"六书"来解释金文的构字方法也是完全适用的。需要指明的是，金文与甲骨文中，形声字的出现是造字方法的极大进步，冲破和超越了象形与会意字的局限，使汉字更加丰富。

殷商铜器铭文无论在数量还是在重要性上都不能与西周铜器铭文相比，但不容忽视的是，它对金文的继续发展起了开拓和奠基的作用。

殷商青铜器铭文比较常见的是一个字，这种单一的字通常会被认为是族徽名，族徽是器物主人家族的标志，其渊源可以追溯到原始社会的图腾文化。青铜器上开始有家族或个人徽记，早在二里冈时期已初见端倪，如传世的铭文为"亘"的铜鬲。殷商后期还有"友""举""戈""鹿""宁""车""甲""鱼"等族徽名。复杂的有复合族徽，复合族徽就是在一件器铭中有两个乃至三个族名，一般表示氏族之间的从属关系，体现了宗室和分族、分支之间的关系，如"亚其""亚疑""孤竹亚髟"等。

"国之大事，在祀与戎"，殷商金文中有很多反映祭祀与战争的内容。商铭文中常常有祭祀祖先的内容，这是贵族孝道思想意识的具体反映。记载祭祀内容的青铜器应是宗庙中的祭祀器。有的器物上仅有简略的铭文，反映了祭祀祖、父、母、兄等的情况。此外，铜器上一般只标明被祭祀对象与祭祀人的辈分关系或被祭祀对象的人名，如"祖戊"（鼎）、"父辛"（鬲）、"母戊"（觯）、"司母戊"（鼎）、"司母辛"（鼎）等。复杂的会在铜器上再标出祭祀者的家族族徽，如"戈""举""冉""亚""天黿"等。

综上所论，殷商时期的金文是一种很进步的文字，字体典雅古朴，内容涉及诸多方面，许多内容都可与传世文献和甲骨卜辞中记载的内容相互比照印证。对商史的研究来说，金文与甲骨文一样，都是直接的第一手资料，有重要价值，对家族史、祭祀制度、社会生活和意识形态等方面的研究尤为重要。

# 美轮美奂的青铜器纹饰

青铜器纹饰主要有以下几种：

1. 动物纹

动物纹是常见的装饰纹样，有饕餮纹（或称"兽面纹"）、龙纹、蛇纹、鸟纹等。其中有些动物是实际存在的，有些动物是神话故事中虚构的。

（1）饕餮纹

在青铜器的各种纹饰中，较有特色的是饕餮纹，也就是今人习称的"兽面纹"。这是一些由夸张与幻想相结合的动物形象，其特征多为巨睛咧口，口中有獠牙，额上有立耳或大犄角。在古代的文字记录中，饕餮是被尧流放的四大凶兽之一，贪食、强横，而流放的目的在于以凶御凶，让四凶去抵御螭魅之灾。青铜器，特别是青铜器中的礼器上多饰饕餮纹，想来一是为祭祀鬼神，二来也有祈求保佑与驱除邪恶之意。

饕餮纹在我国早期青铜器纹饰中占有非常重要的地位，是一种很常

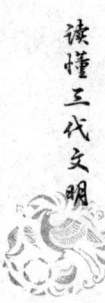

见的纹饰，但凡作为礼仪之用的青铜器，几乎都采用饕餮纹。有些国外研究专家甚至把我国早期青铜器时代定名为"饕餮时代"，认为我国早期青铜器时代是"以饕餮纹为象征，以鬼神为先，以人文为后的神圣王国时代"。由此可见饕餮纹在当时的意义之重大，它绝不是随意点缀，而是有关政教的标志，甚至有着图腾的意味。

饕餮纹取材于虫、鱼、鸟、兽等各种现实动物，选择它们具有特殊功能的部分拼凑在一起，使其浑然一体，塑造出一个抵御山川妖怪的鬼神形象。比如，一个混合体的饕餮纹，可以有虎的头、象的耳、牛的目、鸟的爪羽、鱼的鳍和蛇的身。这些拼凑都是写实的，但写实中又有了变化，有强调、夸张、简化，体现了商周时期先民精心的构思。

在这些拼凑中，饕餮纹是以颜面为主纹的，简单的也仅有颜面，左右相对称之足、身、尾为副纹，雷纹为地纹。完备的主纹是由冠、鼻、目、眉、角、耳、口等组成；不完备的鼻、眉、角等器官或缺一二，但目纹却是必备的，无论怎样简化、变形、分解，都少不了那一对瞪视的眼睛。其中，冠饰代表尊贵，角代表武力，目代表光芒和警惕，耳代表聆听，鼻代表辨别，牙代表攫取和凶恶，眉代表威武，足代表操纵，羽毛代表高飞，鳍代表下潜，身躯代表活跃。另外，饕餮纹的纹饰以菱形额纹为中心，十字形为主干，身躯为直线或曲线，配置对称，神态庄严。

饕餮纹虽不复杂，但在人们匠心独运的构思中变化多端，本是单纯的写实型纹饰，却演变为原始饕餮、粗壮饕餮、简略饕餮、变形饕餮、龙化饕餮、分解饕餮等，且各自具有不同的风格。

总之，饕餮纹的内容虽多，安排却妥帖适当，其含义复杂，代表一种超越的境界；其结构庞大，风格生动，对后世中国装饰艺术具有莫大的启示。

（2）龙纹

在商周青铜器纹饰中，龙纹是地位重要且流行时间较长的一种图像。龙被中国各朝各代奉为圣物。它是一种想象的神物，在先民们的构想中是由虫、鱼、鸟、兽等动物组合而成的，具有跨越时空的、独特的精神气质，充满了神秘、庄严和荣耀感。

我国古代青铜器上的龙纹装饰十分丰富，无论是阳刻的龙，还是阴刻的龙，常因器物时代和器物种类的不同而形成迥然相异的风格与特征。

商末周初的蟠龙纹多以龙首为正面，身躯按照顺时针方向盘卷一匝或一匝半，身躯间有时会夹杂一些小龙。这种形状的蟠龙纹在春秋早中期也偶有发现。故宫博物院收藏的一件圆形盘，内壁除饰有龙纹外，还饰有鱼纹和鸟纹，形制更显华美富丽。商代青铜器上的龙纹，多饰在盘、尊、觥和个别戈、剑等器物上。纹饰布局主要有两种形式，一种是以一条蟠龙为主，布满整个器物；另一种是龙与其他纹饰间隔排列，形成反复交替的式样。

西周时期，青铜器上龙纹的形式与结构有了很大变化。这时的青铜器上常有一首二身的龙纹，龙首在颈的中心部位，作半凸起状；龙身向两侧，或直线状，或波状伸出。

（3）鸟纹

青铜器上的图案以鸟纹为主题的占有很大比例。这种写实风格的纹饰，体现了大自然的勃勃生机。

鸟纹在商、西周的青铜器中，是一种比较常见的纹饰，约出现于商代中期，但在其出现之初直至商晚期，多数作为辅助性纹饰出现；至西周中期前后，作为主题纹饰的鸟纹才开始盛行；西周晚期，逐渐走向衰落。

青铜器上鸟纹的出现与图腾崇拜有关。传说商的祖先契，其母简狄因吞食一颗燕卵而生契，这就是《诗经·商颂》中"天命玄鸟，降而生商"

的故事。西周青铜器上有鸟纹装饰，很大原因是周人与鸟也有着千丝万缕的联系。传说周族的祖先后稷（名为弃），其母姜嫄因在野外踩到巨人的大脚印而产生感应，生下了他。人们认为这件事不祥，便将他扔在小路上，准备让牛、马踩死他，但牛、马纷纷绕道而行；人们又想把他扔在树林里，但行人渐多，不便行事；最后将他扔到冰上，却飞来一群鸟用羽翼保护他。后来，姜嫄只好将他抱回去

西周 鸟纹提梁卣

抚养。弃长大后做了农官，教民耕种。因此，西周时青铜器上的鸟纹可能与人们感念神鸟有关。

商周青铜器上的鸟纹图案丰富多彩。商代青铜器上的鸟纹以对称的直立或倒立的小型鸟纹为主，素朴简洁、灵秀典雅，一般为主题花纹的陪衬。商末至西周时期，工匠们刻意求变，鸟纹常被作为器物上的主题花纹而装饰在器物的主要部位上。有新创造的大鸟纹，高冠长尾，丰满华丽，这种形象的鸟纹图案被人们称为"凤鸟纹"；还有一种鸟身短尾羽长的鸟纹，姿态迤逦，被称为"长尾鸟纹"。

（4）蛇纹

蛇纹是青铜器上较为常见的主题纹饰之一，大致可分为两类。一类为独体蛇纹。这种形状的蛇纹一般双眼突出，蛇身粗犷，身上有鳞，尾部上卷，头尾相接组成带状，见于商代晚期至西周初期。另一类是由两条或两条以上小蛇相互盘绕，构成一个纹饰单元，布满全器表面。这种蛇纹通常又被称为"蟠虺纹"，流行于春秋中晚期至战国早期。

除此之外，还有象纹、虎纹、犀纹、鹿纹、龟纹、鱼纹、蝉纹等动物纹饰。

2. 人物画像纹

这种纹饰在青铜器上较为少见。商代和西周时期的纹饰有时以人面的形象出现，但更多是以简洁的人面形象出现于器物上，而且往往与动物共同出现，常常作为动物吞噬的对象，显得既神秘又恐怖。到了春秋战国时期，青铜器上常常出现人物故事画和动作画，有宴饮、战争、乐舞、射箭、采桑、狩猎等，风格清新、生动、活泼。

3. 几何形纹

几何形纹是由几何形图案组成的有规律的纹饰，有形式上的变化和结构上的美感。这种纹饰在原始社会的彩陶上就已出现。青铜器上的几何纹饰形式较多，大致有云雷纹、弦纹、乳钉纹、涡纹、四瓣花纹、绳纹、圈带纹、重环纹等。

（1）云雷纹

云雷纹是青铜器上一种常见的典型纹饰，基本特征是以连续回旋形的线条构成几何图形。有的作圆形连续构图，也单称为"云纹"；有的作方形连续构图，也单称为"雷纹"。云雷纹变化形式很多，有的呈"S"形，有的呈"T"形，有的呈三角形等。云雷纹常装饰在器物的空白处，作为底纹，用以烘托主题纹饰；也有单独出现在器物颈部或足部的。有的云雷纹中间有目形，此类通常被称为"目雷纹"。

（2）弦纹

弦纹是青铜器上的简单纹饰之一。纹形为凸起的横线，多为1至3道不等。有时单独出现，有时作为其他复杂花纹的衬托出现。另有作"人"字形的弦纹，称"人字纹"或"人字弦纹"，多饰在分裆鬲上。弦纹盛行于二里冈上层期，商代和西周中期仍然存在。

（3）涡纹

涡纹是一种近似水涡的几何图案。图案中间的小圆圈似水隆起状，图案旁边的5条半圆形曲线，似水涡激起状。关于涡纹的叫法，目前又有一些新的发现：有的学者根据《周礼》中"火以圜"的说法，认为从图形上看，涡纹应称"火纹"；也有一些学者从文字学的角度进行考察，认为涡纹应称"圝纹"。

（4）四瓣花纹

四瓣花纹的基本构图是以一个兽目居中，周边附有4个花瓣。故宫博物院藏有一件蟠螭纹镂空饰件，中心由四瓣花瓣组成花朵，极富情趣。四瓣花纹主要流行于战国时期。最新资料证明，商代已有四瓣花纹出现。

（5）绳纹

绳纹由2条、4条或多条波线纹交错而成。绳纹常作为器物外表多层图案的界带，也可作为圈足和盖沿等部位的装饰。绳纹主要流行于春秋中期至战国中期。

（6）圈带纹

圈带纹又称"圆圈纹"。纹样为排列成带状的圆圈，圆圈中有的有一小点，有的没有点，多饰在器物的肩上或器盖的边缘等部位，或作为兽面纹等花纹的边饰。乳钉纹是圈带纹的一种，纹形为凸起的乳突，排成单行或方阵。另有一种乳钉纹饰，乳钉各置于斜方格中，以雷纹填底，称"斜方格乳钉纹"。青铜钟上一种螺旋形的枚与乳钉极为相似。有的乳钉纹作为器物的主要纹饰，布满器物全身，如常见的乳钉纹簋；有的乳钉纹仅作为器物的一种辅助纹饰。

（7）重环纹

重环纹又称"方形纹"，基本特征是一端为半圆形，一端形成直角或锐角，是整体略呈椭圆形的环。环有一重、两重、三重三种形式。重环纹作为青铜器上的装饰图案，由多个重环纹组成环带，除作为主题装饰出现在器物上外，也常作为配饰在其他纹饰内出现。

（8）环带纹

环带纹的形状像一条带子，呈波浪起伏状，因而又称"波浪纹"。在环带的上下方，常填以眉形及口形纹样，表现在青铜器上多是依照一定的距离组成环带纹组。环带纹常饰在鼎、壶等器物的明显部位。

## 青铜器之最——后母戊鼎

鼎，中国古代食器之一，其起源可以一直追溯到原始社会的新石器时期，目前考古发现了7000多年前的陶制鼎。不过，鼎真正的发展高峰期是商周时期。

后母戊鼎因其腹内壁上有铭文"后母戊"3字而得名，是商王祖庚或祖甲为祭祀其母所铸。它是目前已知的中国古代最重的青铜礼器。鼎身为长方形，深腹平底，口沿上有两个立耳，腹下四柱足（上部中空），鼎身各面四周饰以云雷纹为地纹的饕餮纹及夔龙纹，中间为素面，四面交接处饰以扉棱。鼎耳外廓饰双虎食人头纹，耳侧以鱼纹为饰。鼎足在三道弦纹之上各施以兽面。该鼎通身硕大厚重，给人庄严肃穆之感，纹饰华丽，工艺高超，显现出不可动摇的气势。

后母戊鼎的鼎身和鼎足为整体铸成，鼎耳则是在鼎身铸好后再装泥范浇铸而成的。据计算，铸造这样高大的铜器，所需金属原料当在1000千克以上，且须有较大的熔炉。经测定，后母戊鼎含铜84.77%，锡11.64%，铅2.79%，其他金属含量为0.8%，这与古文献记载中制鼎的铜锡比例基本相符。后母戊鼎充分显示出商代青铜铸造业宏大的生产规模和高超的技术水平。

作为目前已知出土的最重的青铜礼器，后母戊鼎在其造型、纹饰、工艺上均达到极高的水平，是商代青铜文化顶峰时期的代表作，也是中国青铜文明的典型代表。

后母戊鼎是在1939年3月被河南安阳农民吴希增在吴培文的农田中偶然探寻到的。当时大如马槽的大方鼎的口朝向东北方向，横斜在泥土里。不过最初发现时它只有一个鼎耳，另外一只怎么也找不到。当时安阳已被日寇侵占，村民为了不使后母戊鼎落入日寇手中，遂将它重新掩埋起来。

抗战胜利后，安阳农民在1946年6月将后母戊鼎重新挖出。中华人民共和国成立以后，后母戊鼎归南京博物院收藏。1959年，中国历史博物馆建成，后母戊鼎从南京调往北京，至今存于中国国家博物馆。那失去的一只鼎耳一直没有找到，为了使后母戊鼎完整地出现在大众视野中，专家们仿照另一只鼎耳的样式重新补铸了一只。

中国国家博物馆为配合安阳殷墟申请联合国"世遗"评估行动，曾在2005年9月下旬将后母戊鼎运回安阳殷墟博物馆展览近4个月，为此安阳市举行了盛大的迎接仪式，热烈欢迎阔别家乡半个多世纪的宝鼎回家。目前，中国国家博物馆免费展览中就有后母戊鼎展，虽然对每天的参观人员有数量限制，但仍有无数游客慕名前往。

## 四虎铜镈与鸟纹三戈

镈是一种古代乐器。四虎铜镈是1985年由湖南省邵东县毛荷殿乡民安村农民在挖房基时发现的，其口顶之平面均呈椭圆形，顶中央有一小方形孔，纽呈倒"U"形，镈上饰云雷纹。

此镈附饰为两对扁身虎，虎通长15.8厘米，翘尾咧嘴，两两追逐，一眼望去，下山虎的威风扑面而来。正背两面中部各附凤鸟一只，鸟身长20.3厘米，高冠、卷尾，几欲凌空，鸟身和虎身依部位不同而勾勒有阴线纹。鸟饰与虎饰正好构成4条对称扉棱。近顶、口部位各有一圈纹饰，分别饰乳钉8枚，乳钉之间饰近似米粒的小圈点，每5个一组，构成梅花点形。在镈左右两侧自上而下各有一道明显铸痕，纽与四虎正好铸在这道铸痕上。由此推测，镈的主体部分是前后分铸而成，纽、虎饰与鸟饰则是分别铸好再焊接上去的。

经专家考证，这种形式的镈具有浓郁的商末周初的风格。据统计，目前所知传世或出土的商周青铜镈有近20件，一般为窖藏出土，确知地点的有6件左右，其中仅一件出土于陕西岐山，是唯一一件确知出土地点的铜镈，其他则集中发现在湘水流域及其邻近地区。

铜镈是商周时期常见的青铜乐器之一。四虎铜镈属于年代较早的一类。古代文献中的"镈"有一种含义，即大钟。比如，《周礼》中的"镈师"，郑玄注曰："镈，如钟而大。"可见镈的形制略如钮钟，但又有不同，镈往往形体较大，腹微鼓出，器身呈椭圆形或合瓦形。

早期的镈体四面各有一道垂直的扉棱，或两侧带有鸟、虎等纹饰组成的扉棱。先秦时期，有特镈与编镈之分。特镈为大型单个打击乐器，一般只能发出一到两个音，声音浑厚，贵族在宴飨或祭祀时，常将它同编钟、编磬相配合，作为节奏性的乐器使用，以加强乐曲的重拍和主音；编镈有大型和小型之分，用以演奏乐曲或伴奏。春秋以后，镈的扉棱逐渐消失，形体也逐渐缩小，小型编镈逐渐流行并与编钟相抗衡。约自唐宋以来，不少编钟逐渐改取镈的形制，遂致钟、镈不分，镈名亡而实存。

鸟纹三戈是指大且（祖）日己戈、且（祖）日乙戈、大兄日乙戈3件青铜兵器。此三件兵器是我国目前已知最早的青铜铭文兵器，著录于罗振玉的《梦郼草堂吉金图》。

四虎铜镈

大且日己戈援长17.8厘米，直援微胡，脊微隆起，阑上下出齿，内作镂雕歧冠鸟形。援上铸铭文22字，释文为"大且（祖）日己、且（祖）日丁、且（祖）日乙、且（祖）日庚、且（祖）日丁、且（祖）日己、且（祖）日己"。

且日乙戈援长17.4厘米，直援微胡，脊微隆起，阑上下出齿，内作镂雕歧冠鸟形。援上铸铭文24字，释文作"且（祖）日乙、大父日癸、大父日癸、中（仲）父日癸、父日癸、父日辛、父日己"。

大兄日乙戈援长17.5厘米，直援微胡，脊微隆起，阑上下出齿，内作镂雕歧冠鸟形。援上铸铭文19字，释文作"大兄日乙、兄日戊、兄日壬、兄日癸、兄日癸、兄日丙"。

从铭文看，它们可能都是反映以干支名为祖先庙号，并以此庙号为祭日的一种制度，作器者当是后世所谓的"大宗"。三戈铭文实际就是作器者家庭的三代祭谱，是一部以男子为世系的家族谱牒，其内容为传世文献资料不甚丰富的商代史研究提供了极为重要的信息。

据学者考证，三戈当为商代时期北方侯国之器。三戈铭文都在直援上分别列祖辈、父辈、兄辈名字，共记有作器者诸祖8人、诸父6人、诸兄6人，且行文齐整，文字整饬，这在殷商金文中非常少见。

王国维曾撰《商三句兵跋》，以为"此当是殷时北方侯国勒祖父兄之名于兵器以纪功者"。史学家陈梦家则以为三戈是"陈设用的仪仗"。此后，张光直、金景芳、史树青等专家学者对此器用途也多有精辟论述。

就其用途，史学家陈梦家认为，"铭文顺读时，刃向上，可知此等铸铭的戈不是实用的，而是陈设用的仪仗"。当代著名史学家李学勤也指出其是"商朝北方诸侯之器"，而这诸侯是属于商文化范畴内的诸侯，不是只受商文化影响的异族诸侯。此外，他还认为这三件戈铭实是记录三代人的谱系。由此可知,此三戈为兵器中的礼器,装柄后可作贵族举行各种典礼时的仪仗,又可作为忌日的谱牒。

《尚书·顾命》中记载,西周成王崩时的仪仗是"四人綦弁,执戈上刃,夹两阶戺"。可见仪式上的戈的用法是刃向上,从而使其失去了兵器的作用,而仅作为仪仗用的礼兵。

此三戈是研究商代金文书法艺术、疆域范围、宗法制度以及亲族称谓的重要实物之一,价值不言而喻。

## 青铜重器毛公鼎

毛公鼎是西周晚期宣王时期的一件青铜重器,因制器者为毛公而得名,被称为清代后期出土的"四大国宝"之一,为台北故宫博物院十大镇院之宝之一。

毛公鼎器形作敞口状,半球状深腹,兽蹄形足,在颈部的两道凸弦纹之间饰以精美的重环纹,口沿上有形制高大的双耳。整个器物装饰十分整洁,在凝重之中透着素朴和典雅,洋溢着一股清新庄重的气息。

毛公鼎著称于世的是其32行约500字的长篇铭文,是迄今为止青铜器铭文中最长的一篇。这是一篇完整的"册命",记述了周宣王给他的近臣毛公的任命和勉励。一般而言，青铜器不但要以质地、古旧程度论价，还要按照铭文的字数加价，一个字可以加一两黄金，其价值可想而知。

金文发展到周宣王时期，已臻登峰造极之境，毛公鼎就是这一时期的杰作。郭沫若曾赞曰："泱泱然存宗周宗主之风烈……抵得上一篇《尚书》。"

尽管毛公鼎的造型、纹饰较之其他商周青铜器显得简朴，但其铭文的篇幅却是青铜器之最，铭文完整且古朴典雅，是西周散文的代表作。其之最，不仅在于字数之多、训诂辞之美，更在其极为重要的内容，是研究中国冶金史、文字史和西周史不可或缺的史料。

毛公鼎上的铭文是一篇册命辞。首先追述文武二王政治清平的开国盛况，接着指出当时国势不顺、时局不安的状况。当此危急之际，宣王册命毛公治理邦家内外，并授予他宣示王命的专权，还告诫他要勤政爱民、以善从政、修身养德。最后为确立毛公的权威，重赏仪仗、车马、兵器等器物。毛公为感念宣王之恩，作器铭记其事。约500字的铭文，表达了周宣王孜孜图治的决心，再现了周宣王中兴王室、任人唯贤的盛景。

同时，铭文字体结构方正庄重，线条的质感非常饱满，笔法端严圆劲，气象浑厚肃穆，极具美学价值，是成熟的西周金文风格，也是一篇全文书法的典范。自出土以来，清末书法家无不为之倾倒。清末大书法家李瑞清曾说："毛公鼎为周庙堂文字，其文则《尚书》也；学书不学毛公鼎，犹儒生不读《尚书》也。"

毛公鼎于清道光年间在陕西岐山出土，据说是某董姓村民在田中偶然所得，后屡经转手，终为西安古董商苏亿年所获。1852年，金石学家、收藏家陈介祺从苏亿年之手购入，此后深藏密室，鲜为人知。陈介祺病故后，此鼎归当时两江总督端方所有。端方死后，此鼎几经辗转，为时任北洋政府交通总长的大收藏家叶恭绰所获。

1937年，抗战爆发，叶恭绰避走香港，将它托付给其侄叶公超，并嘱咐他："不得变卖，不得典质，更不能让它出国。有朝一日，可以献给国家。"毛公鼎在叶公超等人的保护下，于1941年夏秘密运至香港。不久，香港被日军攻占，叶家只好托德国友人将鼎辗转运回上海。因生活困顿，叶家无奈将其典押给银行，后由巨贾陈永仁出资赎出。抗战胜利后，陈永仁将毛公鼎捐献给国家，由上海运至南京。

1948年，国民党退守台湾，大量珍贵文物南迁至台北，毛公鼎亦在其中。1965年，台北故宫博物院正式落成，毛公鼎成为台北故宫博物院的镇馆之宝之一，与翠玉白菜、东坡肉形石并称为台北故宫博物院三宝。

## 三代青铜酒器

夏商周三代是我国古代礼制的形成、发展期。"礼以酒成"，无酒不成礼，夏商周时期也是我国酒礼较复杂、酒与政治结合较为紧密的时期。

下面简单介绍几种三代时期的青铜酒器：

## 1. 四羊方尊

四羊方尊，珍藏在中国国家博物馆中，是一件著名的商代晚期青铜酒尊，尊高58.3厘米，重34.5公斤，比殷墟妇好墓中的大型青铜方尊还要重，是现知我国商代最大的青铜方尊。传说在1938年出土于湖南宁乡的一处山坡上。

此尊造型雄健洒脱，铸制工艺精湛，装饰艺术炉火纯青。尊体呈方形，口部极度外侈，口沿边长52.4厘米。颈部修长，铸有8道扉棱，雕饰有蕉叶纹、夔龙纹。腹部鼓凸，以立体雕塑手法铸出四只羊的前半身，羊角硕大弯曲，羊态安详而威武，羊体肥硕健美，昂首挺胸，凝视前方。羊背及羊胸饰有鳞状斑纹，羊腿上有鸟纹，这又使四羊陡增几分神秘和威严。尊肩雕有蟠龙4条，龙首在二羊之间。四羊方尊以精细的云雷纹衬托，采用多种雕刻手法，整器庄重大方，光彩夺目，成为享誉中外的古代文物珍品。

羊性情温顺，所求唯草而已，却能为人贡献奶、肉、皮、毛，因而被古人视作吉祥、美好的象征。把羊用于青铜礼器上，显然含有祈福、求得和顺美满之义。有趣的是，汉字的"美"字也与羊有关。若从正面欣赏，四羊方尊上那向两边弯卷的羊角，目、鼻、口俱见的羊头，不正是"美"字之上半体吗？铜尊铸羊朝向四方，大概还含有四方平安、四季和顺之义。

古代宗庙祭祀用"三牲"作为祭祀牺牲品。据《礼记·曲礼》记载："天子以牺牛，诸侯以肥牛，大夫以索牛，士以羊豕。"古文献记载，古代祭祀使用的礼器有牺尊、象尊，而现知文物中除了牺尊、象尊之外，还有豕尊、羊尊，四羊方尊应列入羊尊之属。作为礼器，羊尊的壮伟与精美并不在牺尊、象尊之下。

2. 双羊铜尊

在我国古代酒器中，目前已知最早采用羊形者是商代的青铜酒器，其中三羊铜罍、四羊铜尊等均为代表作。这里介绍的是一件完全以羊为器形的商代青铜酒器——双羊铜尊，尊的主体是头相背的两只连体羊，它们都只有前半身而无后半身。羊头高昂，双角盘卷，角尖下屈而后前伸，双目平视，颌下长须飘逸，胸部挺凸，肩腹圆浑肥硕，腹内空腔。两腿并立而微见前撑，使得整个器体四足落地稳如泰山。羊体肥壮健美，神态肃穆庄重。再加上其通体花纹，腹有双翼，更使之神秘莫测。

在双羊背上驮着一个圆筒，这就是尊口。筒体饰饕餮纹，兽面双角竖立，二目直视。高高耸立的尊口方便纳酒，而微微张开的羊嘴便是天然的流口，尊中的酒可从任意一只羊的嘴中吐泻出来。该器构思独特精巧，造型生动逼真，唤之欲动，似乎稍受惊骇就会撒蹄而奔。显然，双羊铜尊堪称青铜艺术佳作，比之一兽一器的豕尊、象尊、牛尊，具有不同的艺术感染力。

该尊现藏于英国，通高45厘米，重10.6公斤左右。据知，日本的根津美术馆中也收藏有一件我国商代的双羊铜尊。

《诗经·小雅·无羊》中有"谁谓尔无羊？三百维群……尔羊来思，其角濈濈"的诗句。大意是谁说你没有羊？你的每群羊都有三百只。看，你的羊群过来了，羊角交错数不清。在诗文的字里行间充满着对畜牧兴旺的期盼与赞美，以及对财富的企求与欣赏。我国人民自古偏爱羊，不仅因为羊本身是重要的物质财富，更重要的是羊是吉祥的象征。

### 3. 人面神龙铜盉

在商代青铜酒器中，有一件十分奇异的珍品——人面神龙铜盉，通高18.1厘米，其盖雕刻为人面状，浓眉大眼，宽鼻阔口，头上一对槌状角，双耳有圆孔。器身较矮，敛口，腹垂鼓，圈足，双贯耳，管状流。圈足上有3个穿孔，其中两孔与盉盖的人耳孔、盉身的贯耳对应，用绳索串联后便可成为铜盉的提梁。

盉身上半部分以纤细的云雷纹为底纹，刻有前肢相对而抱的龙的形象，另有一对张开大嘴的小龙分列盉流两侧。盉身下半部分是鳞状纹和菱形纹，这是商代青铜器用来表现龙体的常用花纹。该盉阴刻、阳刻结合，向人们展现了一条幻化成人面的神龙，峃然盘踞、仰首望天的形象，既神秘又威严，似乎一声雷，神龙便会腾空入云而去，充分体现了古人丰富的想象力和高超的艺术表现力，其艺术构思与我国良渚文化和山东龙山文化玉器上人、兽（鸟）合一之神灵徽像实一脉相承。

据传，该盉是1940年在安阳殷墟出土的，系商代晚期作品。它出土不久即流入市场，由北京"同益恒"古玩铺的萧延卿、陈鉴塘经手，以30.5万银圆的价钱卖给了上海古董商人叶叔重。叶氏将其运往由其舅父吴启周与美籍华人卢芹斋合办的古玩店"吴卢公司"，其又转手卖给了美国人，至今还留在美国。

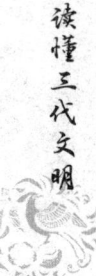

在故宫博物院也藏有一件人面盉，其大小、花纹、形制与在美国的那件一模一样，可它们并非一对。原来，在把安阳出土的铜盉运往美国之前，北京著名的古铜器仿制专家王德山做了一件复制品。虽是复制品，但由于王德山手艺非凡，仿造得十分逼真，一般人不易辨别真伪。不过，真器、伪器还是有区别的，存于美国的真器没有铭文；存于故宫的伪器，在盖内和盉身内底錾刻了铭文。就是这画蛇添足之举，为后人辨识真伪留下了证据。

4. 蚕桑纹铜尊

商代晚期至西周时期，敞口、鼓腹、高圈足的青铜酒尊在中原地区曾非常流行，然而进入东周以后，这类青铜器便从中原大地上消失了，之后却神秘地兴起于南方吴越之地，真可谓"失之于朝而存诸之野"。

1963年，在湖南省衡东县霞流市出土一件春秋晚期的越式铜尊，尊高21厘米，现藏于湖南省博物馆。它的造型特征与西周时期中原地区的铜尊颇为相似，其装饰却独具一格。它那向外敞的口部铸满蚕虫，蚕头昂起，双双成对，似在对语，又像是互相亲吻。尊颈饰对称三角几何纹和卷云纹。腹部是在桑叶形纹饰框架内填充若干勾尾蚕，桑与蚕陪衬，自然而合理，堪称绝妙。圈足上亦有一周花纹。

春秋时期，由于社会大变革，青铜器装饰艺术也发生了变化。商代和西周时期的饕餮纹消失了，龙纹、虎纹、凤纹也隐退了，而现实生活中的宴乐、攻战、农桑等先后登上了青铜艺术的大雅之堂。这件铜尊展现给我们的便是清新愉悦、洋溢生活气息的田园桑林画面。制作者依靠超凡脱俗的技法和新颖奇特的花纹，创造了一件不同凡响的青铜艺术珍品。

## 扩展阅读　贵重的重金络壶

重金络壶是南京博物院珍藏的一件战国时期的青铜器，1982年出土于江苏省盱眙县南窑庄的一座古代窖藏中，通高24厘米，圆形，颈较长，侈口，宽圆肩，又名"陈璋圆壶"。

该壶的形制并无特别之处，装饰却独具一格。除了壶的颈部、腹部装饰着错金银的斜方格云纹以外，壶体外围还有网络外套笼罩在壶的肩部、腹部。网络外套由卷曲起伏的蟠龙和梅花交错套扣而成，肩部有蟠龙48条，梅花48行计144朵；腹部雕有头尾相交的蟠龙48条，每条龙起伏卷曲9次，腹部梅花共48行计432朵。在网络外套的横箍上，相间装饰着4只伏兽和4个兽头衔环耳。伏兽似虎，遍体饰错金银方格纹。衔环兽头额部镶嵌绿松石，环上有细如发丝的错金流云纹。

壶体系浑铸成型，而其他配件、装饰附件均系分铸成型后，再焊接为一体。此外，还要镶嵌绿松石、错嵌金银丝，工艺精细复杂，充分体现了战国时代高超的青铜技术。

# 第三章 古陶溯源——夏商周陶器工艺

这一时期,陶器已经失去了无可替代的重要地位,虽然在一定程度上还保持着传统面貌,但器型、纹样模仿青铜器的做法相当流行。陶窑炉的发展为青铜炼炉的创制提供了启示,而能用火候较高的温度冶炼青铜,又为改进陶窑炉、进一步烧制出耐高温的陶器创造了条件。

## 陶器的起源

一般认为,陶器是随着史前人类进入新石器时代的定居生活而出现的。我国目前已知的现存最早的陶器残片出土于南方的洞穴居住遗址中,据碳14测定,其年代距今约10000至9000年左右。

制陶的发明与人类知道使用火有着密切的关系。被火焙烧过的土或者黏土因落入火堆而变得坚硬定型,可能促使原始先民有意识地用泥土制作需要的器物。因此,就一般意义来说,制陶完全可能是由不同地区的原始先民各自在生产、生活实践中发明的,而不一定需要其他地方人群的传授与教导。我国黄河流域新石器时代早期的裴李岗文化与磁山文化中的陶器和长江下游新石器时代早期的河姆渡文化中的陶器,在形制、器类、工艺与装饰等方面都不一样,显然是各自独立发生的。

原始先民最先可能采用的制陶技术,大致有捏塑法与贴敷法两种。过去比较流行的说法是原始人类用涂抹了泥土的竹、木枝条筐篮汲水,由此受到启发,发明了在筐篮上敷贴泥土烧制陶器的方法。这种说法虽引人入胜,但越来越多的学者对此表示怀疑。他们认为,如果用这种方法烧制筐篮那样大小的陶器，结果只能得到一堆瓦砾。因此，人类制陶术的开端极有可能是烧制用手捏塑的小物件、小器皿，这样的小件制品即使在比较简陋的烧制条件下，也可能烧制成功。只有在多次烧制成功的鼓舞下，才会促使先民思考黏土原料的选择、加工、成型方法的改进以及烧成条件的改善，乃至专门设计焙烧陶坯的陶窑等，从而烧制出器型比较大的陶器。

自20世纪70年代以来，我国境内的早期制陶遗迹屡有发现。通过对这些新石器时代早、中期陶器残片的观察，可以发现它们有泥片黏合的层理和陶片层理剥落的现象，这种现象最早见于浙江省余姚河姆渡遗址的四层，属于河姆渡文化一期的陶片。此后在湖南省石门皂市遗址下层、甘肃省天水市大地湾遗址一期、河南省新郑裴李岗文化以及更早的江西万年仙人洞、桂林甑皮岩等洞穴遗址中都有陶片遗存。这些遗址的年代都早于仰韶、红山、大溪、大汶口、河姆渡二期诸文化的年代，具有比泥条盘筑法更早、更原始的制陶术成型方法，文物考古工作者称其为"贴敷模制法"或"泥片贴筑法"。筐篮编织成器的方法很可能曾经启发了先民使用泥条盘筑法制成大型容器的陶坯，但这已是较晚的新石器时代中期才出现并普及的了。

所谓泥条盘筑法，就是将拌制好的黏土搓成泥条，从器底起依次将泥条盘筑成器壁直至器口，再用泥浆胶合成全器，最后抹平器壁盘筑时留下的沟缝；或进一步一手在器内持陶垫或卵石顶住器壁，一手在器外持陶拍拍打，使器壁均匀结实，之后入窑烧制。如果陶拍刻有花纹，则器表也会留下装饰花纹（即所谓的"印纹"）。

轮制成型，是在泥条盘筑法的基础上产生的一种制陶技术，它借助于被称为"陶车"的简单机械对陶坯进行修整。在我国的文献记载中，陶车亦被称为"陶钧"，是一个圆形的工作台，台面下的中心处有圆窝置于轱上，可围绕车轴作平面圆周运动。将陶坯置于工作台面的中心，推动台

第三章　古陶溯源——夏商周陶器工艺

面旋转，便可用手或借助工具对器型进行整修。最原始的陶车可能在新石器时代中期就已经出现，因为在同时代的遗址中有经过慢轮修整的陶器出土。虽然至今仍未发现新石器时代的陶车遗物，但在我国新石器时代中、晚期各文化遗址中，已先后出现轮制陶器，如山东龙山文化出土的蛋壳黑陶，其胎体之薄与器型之规整，只有轮制才有可能实现。

  轮制法是制陶术上的一个飞跃，因为它所使用的简单机械——陶车，可以看作现代机器车床的发端。它的出现提高了生产力，可进一步推测当时可能就已有社会分工，因为这种技艺的熟练使用，显然要有长时间的锻炼。在工艺上也意味着制作原料坯泥技术的巨大进步，因为轮制陶器要求坯泥品质均匀、细腻，还要有相当的湿度，只有这样才能在陶车的惯性旋转中利用坯泥的离心力使器壁变薄，器型规整。

  上述几种制陶术的出现虽有先后，但只是反映了制陶技术的丰富与完善，并不意味着先前的制陶技术被完全放弃，许多制陶技术仍为后代长期沿用。即使在现代，制陶已具备了机器制作的技术条件，手工制陶技术仍然用于生产艺术陶器（如紫砂茶具等）。

  陶器与瓷器的区别主要在于陶器是用陶土为原料（特殊者除外），而瓷器是用瓷土为原料，它们有着不同的化学物质成分和结构，从而影响着它们的性能。陶器一般是在800℃至1000℃左右的温度中烧造的，至多在1100℃左右，瓷器则是经过1200℃以上的高温烧成的，陶器的原料不能经受1200℃以上的高温，否则就会融化，瓷器的原料则不怕高温烧炼，不经此高温则不能烧结成瓷器。这种现象是因为它们各自的化学成分不同，即所谓内因决定的。从物理性质上看，瓷器胎质洁白、致密，与陶器相比更加坚硬。陶器密度较小，除白陶外，一般陶胎不呈白色。陶器不透光，有一定的吸水性；瓷器则不吸水，有一定的透光性，且敲击时能发出清脆如金属般的响声。除了釉陶，陶器一般不上釉，而瓷器一般都有薄而均匀的釉，釉陶的釉是低温釉，而瓷器的釉是高温釉。

瓷器的基本制作工艺与陶器一致，瓷器是在陶器工艺发展的基础上出现的，所以与陶器有着十分密切的关系，可以说，没有陶器就没有瓷器。瓷器出现以后，陶器与瓷器相互影响、相互促进。在瓷器普遍使用以后，陶器并没有被瓷器所取代，依然有着自己的地位，仍然保持着自己的优势。在特殊的工艺下，陶器的发展也大放异彩，不断创造出新的陶器品种。

## 陶　色

陶色即陶器呈现的颜色。在古代陶器中，比较常见的陶色有红、黄、灰、黑、白和褐等，习惯上分别称为红陶、黄陶、灰陶、黑陶、白陶和褐陶。实际上，陶色是比较复杂的，往往在同一种颜色中呈现深浅不同的差异，还有些呈现过渡性的间色，如橙黄陶、灰黄陶、红褐陶、灰褐陶、灰黑陶等，有的陶色也会表现出不均匀或变化的色调。许多时候，陶色因人而异，人们对陶色的感觉和对陶色的描述常常存在一定的误差。在某种情况下，因埋藏环境等不同原因，陶器也有可能发生陶色的变异。总之，古代陶器的颜色千差万别、富于变化，对陶色的认知也往往是相对的。

# 夏代的陶器

夏代（主要指二里头文化早期）陶器的形制、类别和纹饰，基本上承袭了龙山文化晚期的陶器，以泥质灰陶和夹砂灰陶为主，黑陶（包括黑皮陶）和棕陶较少，红陶更为少见。陶器成型技术基本为轮制，兼有一些模制和手制。装饰工艺除部分食器和盛器为素面磨光，或在磨光器面上拍印一些回纹、叶脉纹、涡旋纹、云雷纹、圆圈纹、花瓣纹和人字纹等图案纹饰外，大多数陶器的表面还以篮纹、方格纹和绳纹等为装饰花纹，并且还流行在陶器表面加饰数周附加堆纹和一些划纹和弦纹。其中，篮纹和方格纹是由龙山文化晚期的陶器上常见编织物纹饰发展而来的，但数量已大为减少，并逐渐被绳纹所替代。显然，当时陶器上的大多数花纹是为了美观，但也有一些纹饰是为了加固陶器或方便搬动陶器，如一些陶器上所见的附加堆纹，大多是添加在器型较大和陶胎较厚的腹部，这就能说明这些附加堆纹除了作为花纹装饰外，还能起到加固陶器的实际效果。另外，在河南二里头文化早期遗址中，还发现一些陶器的表面浅刻有龙纹、蛇纹、兔纹和蝌蚪纹等形象生动的动物花纹，其中有一件陶器表面还刻有饕餮纹和裸体人像。

夏代陶器的形制和纹饰虽然是在承袭龙山文化晚期陶器的基础上发展而来的,但是和早期器物相比,也发生了一些变化。陶鬶已经基本不见,却出现了陶爵和陶盉等器物。陶盉有可能就是从前期的陶鬶发展而来的。在食器中新发现了陶簋和三足盘,陶簋有可能是从前期陶圈足盘演变而来的。在盛器中,陶瓮、陶罐、陶盆的口沿和底部较龙山文化晚期也有一些变化并开始出现了圆底器。

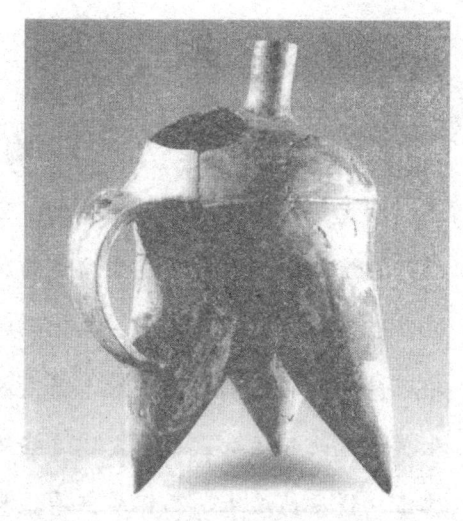

夏代陶鬶

其他区域的陶器,除了和二里头文化早期的陶器存在一些共性之外,也有其各自的特点。比如,黄河下游一带稍晚于龙山文化的先商陶器,其质料虽然是以泥质灰陶和夹砂灰陶为主,但素面磨光黑皮陶和夹砂棕陶的数量也比较多见,常见的陶器形制和二里头文化早期的陶器相比有明显的区别。陶器以折沿或卷沿的平底器为主,三实足、三袋状足和圈足器比较少。常见的陶器形制,有鼎、罐、甑、甗和鬲等炊具用器,觚、带流壶和杯等饮用器,豆和圈足盘等食器,较大的瓮、平底盆和陶缸等储存水和粮食的盛器,还有陶制研磨器和器盖等。其中,陶甗、陶鬲、平底盆和带流壶是常见的生活用具,而在二里头文化早期中却基本没有这类器型。其余地区陶器的特征和二里头文化早期的陶器相比也有所不同,这反映了夏代的陶器和周边地区其他氏族部落的陶器是有各自的发展序列和某些独特风格的。

### 陶 土

陶土是指适合做陶器的黏土。自然界的土壤是由岩石风化成碎屑,再经过自然和生物的作用逐渐演变而成的。各种土壤的化学成分会有很大差异,在不同环境的作用下,其化学成分会有一定的改变,并呈现出不同的物理性质。适宜制作陶器的土壤,最好的是河流沉积土,较多使用的是次生黄土,此外还有黑土等,但这些必须都是低钙质的,也可以是高铁质易熔土、镁质易熔土、高铝质土等。要做出质量好的陶器,应根据不同的需要选料、配料,陶土要经过淘洗,必要时须另外加入一定的材料。

## 商代的陶器

商代早期的陶器,可以二里头文化晚期(三、四期)的遗存为例。其出土的陶器以砂质灰陶和泥质灰陶为主,黑陶(包括黑皮陶)、棕灰陶和红陶比较少,另外还出现了一些白陶和含铁量较高的硬陶器。这一时期,陶器制作一般为轮制,兼有模制和手制工艺。陶器表面的花纹除少量素面或在磨光的陶器表面上施用一些凸弦纹、云雷纹、双钩纹、圆圈纹等图案的装饰外,绝大多数陶器表面满饰印痕较深的绳纹,兼饰一些附加堆纹和凹弦纹。绳纹约占整个陶器表面纹饰总数的一大半，而附加堆纹的使用数量已较前期大为减少。仅在个别粗砂质厚胎缸上出现满饰方格纹的陶器，个别陶盆上还发现了篮纹。

在二里头文化商代早期的陶炊器中，陶鬲逐渐代替了陶鼎，陶甗增多。陶鼎是夏代主要的炊器之一，到了商代，陶鼎的数量大为减少。同时，陶觚、陶斝和陶爵等酒器的数量比夏代明显增多。盛器中的大口尊开始出现并逐渐成为重要的盛器之一，而且在这些大口尊的口沿上大多刻有记号，这对于了解大口尊这类盛器的用途具有十分重要的意义。食器中新出现了圈足陶豆，浅盘高柄陶豆逐渐减少。其他类型的陶器也有不同程度的变化，这表明商文化与夏文化在陶器上有着显著不同。

商中期的陶器直接承袭早期（即二里头文化晚期）陶器，以泥质和砂质灰陶为主，还有一些夹砂粗质红陶和少量的黑皮泥质陶及泥质红陶。陶器的表面除素面磨光外，在大多数陶器的腹部、底部都使用绳纹并加饰一些划纹，附加堆纹和镂刻。部分细泥质盆、簋、壶、豆、瓮等陶器的腹部、颈部还印有方格纹、人字纹、曲折纹、饕餮纹、花瓣纹、云雷纹、涡旋纹、连环纹、乳钉纹、蝌蚪纹及圆圈纹等图案组成的装饰，其中以饕餮纹组成的纹饰数量最多，是当时装饰图案中最美的一种。有些带有饕餮纹的陶器和同期的青铜器形制十分相似。

在商代中期的各种灰陶器中，其口部的折沿基本不见，口部多为卷沿，底部主要以圆底和袋状足为主，圈足器显著增多，平底器则大为减少。饮器中，陶盉和爵的数量较前期明显增多，陶斝则很少；食器中，陶簋和豆相继取代了三瓦状足的平底盘；盛器中，陶盆、大口尊和粗砂质红陶缸的数量增多，并由前期口部略小于肩部发展为口部略大于肩部直至成为大敞口的大口尊。商代中期，陶器的品种增多，用途明确，胎壁减薄，工艺精致，是商代陶器生产的鼎盛时期。

商代后期的遗址以河南安阳殷墟为中心，遍布河南、河北、山东、陕西、湖北、山西、江西、安徽和江苏等地，说明随着商人活动范围的扩大，制陶工艺技术和文化范围也不断扩大。各地的陶器共性较为明显，但也存在地方特色。商晚期的日用陶器品种较中期略有减少，而且一般灰陶的制作工艺也不如中期。这种现象出现的原因是，商代晚期，青铜器、原始瓷、白陶器、硬陶器和木漆器等不同质地的器皿在日常生活中已普及。从陶器的器型来看，袋状足的陶器数量仍然不少，但平底器和圈足器较前期明显增多，圆底陶器则相对减少。炊器中，鬲的数量较多，陶鬲的口沿都有折棱，但腹部形状由深变浅，裆部由高变矮，足尖逐渐消失。陶甗的变化与鬲基本相似。到了商后期，早中期常见的夹砂陶罐数量大为减少。食器中，陶簋和豆的数量大增，但陶簋的器型由敛口变为大敞口，陶豆的高圈足也逐渐变矮。到了商代晚期，真正用于日常生活的陶器仅有鬲、簋、豆、罐、瓮和器盖等十余种。

## 周代的陶器

周代制陶业是在吸收并融合了商代晚期制陶工艺的基础上发展起来的。陶器以泥质灰陶、夹砂灰陶为主，也有少量泥质红陶和夹砂红陶。泥质黑陶较少见，至西周后期基本消失。生活所用的陶器品种比商代时有所减少，主要器型只有十余种，如炊器，主要有鬲、甗、甑等。西周时期，陶鬲仍然是炊器中使用较多的器物，但随着灶的出现和发展，鬲的形制也渐渐发生变化。这时的鬲多为敛口卷沿，深腹圆鼓，矮袋状足，甑为敞口深腹、平底带镂孔的盆形。食器主要是豆和簋，簋基本是折沿大敞口，喇叭口形圈足，豆多为敞口浅盘，平底喇叭座。盛器主要有盂、盆、罐、罍等。盂为敞口折沿，折腹平底；盆分为敞口、沿外卷、深腹略鼓的平底盆和敞口、沿外折、浅腹平底盆两种；罐分小口、沿外卷、深腹平底罐和敛口短颈、深腹圆底罐两种；罍为小口卷沿，双鼻短颈圆肩，深腹平底。

周代陶器的花纹很少，主要的花纹是在成型过程中拍打上去的，起成型稳固的作用，同时有装饰效果，以纹理较粗的绳纹为主，也有一些篦纹、弦纹、三角纹、云雷纹、回纹、重圈纹、席纹、方格纹和曲折纹等，这个时期已很少使用附加堆纹了。

## 早期的彩陶文化

彩陶是指在打磨光滑的橙红色陶坯上以天然的矿物质颜料进行描绘，用赭石和氧化锰作呈色元素，然后入窑烧制的陶器。橙红色的胎地上呈现赭、红、黑、白等颜色的美丽图案，达到装饰美化的效果。

在早期陶器的发展中，制陶工艺尚不成熟，无法具备彩陶制作的技术条件，因此陶器产生几千年以后才出现彩陶。从出现陶器到生产彩陶，是一个长期摸索、反复试验、不断改进的过程。

彩陶发源于距今约1万年前的新石器时代。人类在新石器时代伴随着相对定居的农耕生活发明了烧陶技术。关中地区大约在公元前8000年至公元前7000年的老官台文化时期就有了较发达的陶器，个别钵形器口沿装饰一条宽彩带，这是彩陶的萌芽。在公元前5000年至公元前3000年的仰韶文化遗址中，发现了很多精美的彩陶，表明在半坡时期人们已经能熟练地控制窑温，彩绘艺术也达到很高的水平。

陶器制作之初，没有刻意的装饰，但加工过程中如手捏、片状物刮削以及拍打器壁等往往会留下一些不规则的印痕。随着人们审美意识的提高，逐渐将这种不规则的印痕转变为有意的、规则的纹饰，如成排的剔刺纹、一圈的手窝纹等。早期陶器上大量出现的绳纹是在木棍上缠绕绳索滚压器壁而形成的，既可增强陶胎的坚实度，又能起到美化陶器外表的效果，一举两得。后来，只起装饰作用的纹饰种类越来越多，逐渐演变为单纯的装饰花纹。随着工艺条件的不断完善，彩陶便应运而生了。

彩陶是将各种天然矿物颜料绘制到陶器上，形成各类有色图案，大大提升了陶器作为艺术品的审美功能。其中大多数是先在陶坯上绘制图案，然后入窑烧制，颜料发生化学变化后与陶胎融为一体，这样的彩陶色彩不易脱落，经久耐用。还有一类彩陶被称为"彩绘陶"，是将颜料直接绘制到烧成后的陶器上面，此类彩绘贴附在器物表层，使用过程中容易损坏脱落。

商代陶簋

# 商代的白陶

白陶是指表里和胎质都呈白色的一种素胎陶器，以瓷土和高岭土为制陶原料，烧制温度在1000℃左右。白陶基本上都是手制，后来也逐步采用泥条盘制和轮制。器型种类不多，有鬶、盉、爵、豆、钵、罍、壶、卣、觯等。

在大汶口文化时期，人们已经能生产白陶。

白陶的纹样均为几何形花纹，主要有水波纹、米字纹、回纹、方格纹、编织纹及云雷纹。其纹饰多与器型相协调，如曲折纹、云雷纹、回纹等较粗犷的纹样多用于瓮、坛及较大的罐等，而小件的盉、钵等多饰以米字纹、方格纹等细密、秀美的纹样。

白陶胎质坚硬、洁白细腻、花纹精致，并且吸收了同时期青铜器的特点，受到人们的钟爱。商代晚期，白陶烧制达到高峰。在河南、河北、山西、山东等地的遗址中均有商代晚期的白陶出土，其中以安阳殷墟最多。

商代的白陶不但选料精细，而且制作精致规整，多采用手制与轮制，烧制温度较高，一般在1000℃左右，多为壶、盉、爵、豆、钵等，以食器

第三章　古陶溯源——夏商周陶器工艺

和酒器为多，与人们日常生活密切相关。器表饰有饕餮纹、夔龙纹、云雷纹、曲折纹等，形制和纹饰很多都是仿自当时的青铜礼器，装饰花纹技法多为印花或刻花。刻纹白陶的原料选择和制作都比较精细、复杂，在当时就是极为珍贵的工艺品，能够代表商代陶器的最高工艺水平。商代以后，由于瓷器的出现，白陶便迅速衰落了。

 知识链接

## 陶　衣

所谓陶衣，也可以说是一种彩，只是通体一色，没有图案而已，故又叫"色衣"。它是用一种能呈色的陶土原料做成泥浆后，施于陶器坯体表面，与陶器一同烧成。陶衣有时和陶胎的颜色一致或相似，但多数时候是不同的。陶衣有各种颜色，主要有红、橙、黄、棕、白等。陶衣可以保护并改善陶器表面质量，使器表光洁美观。陶衣衬底，再施彩绘，能充分发挥并展现彩陶的艺术效果，因而被普遍采用。陶衣主要盛行于新石器时代，但随着社会的发展和生产力的进步，商代便逐渐不再使用陶衣。陶衣和彩陶都是烧制而成的，一般不易脱落。

## 扩展阅读　美丽的陶器传说

陶器对于人类生活而言至关重要。在越古老的时代，人们对它的依赖性越强。陶器起源的真实历史早已被人类遗忘，也因此使陶器起源被蒙上了一层神秘的面纱。上古时期产生了许多关于发明陶器的神话传说，有的被文献记载下来，有的被遗忘了。人们经常提到的传说，大致有"神农耕而作陶""神农作瓦器""舜陶于河滨""宁封子为黄帝陶正"等，另外"女娲抟土造人"也可以看作是制陶的传说。

神农氏是中国传说中的著名人物，既是农神和医药神，也是陶神。传说他教民播种，又教民作陶，还尝百草为民治病，这是《逸周书》中所记载的内容。《逸周书》是一部古老的文献，记载了周代的历史，但早已失传，其内容只能从后来其他文献引用的《逸周书》的文字中知晓一二了。

舜也是传说中的著名人物，是上古五帝之一。《史记》中说他"耕历山，渔雷泽，陶河滨，作什器于寿丘，就时于负夏"，类似的文字还见于先秦诸子文献中，此外，《考工记》中也有"有虞氏上陶"的记载。据研究，舜属于原始社会末期的部族首领，不可能是发明陶器的人，但是他在古人心目中有很高的威望并被敬若神明，所以人们极为赞美他的功德，便把发明陶器的功劳归于他，从前的陶工一般都供奉其为窑神。

宁封子是道教中的神话人物，传说他是黄帝时期的人，曾于黄帝手下为官，主管制陶。四川青城山的主治神仙便有宁封子，在青城山也有类似的传说和记载。宁封子为黄帝陶正的传说见于《列仙传》。在《吕氏春秋》中也提到"黄帝有陶正，昆吾作陶"。"女娲抟土造人"的传说并没有言及烧制，因而与陶器的发明还有一点距离。

以上传说都没有涉及发明陶器的具体情况，只是先民对远古历史的一些追忆或附会。陶器的历史实在是太古老、太久远了，先民们只好把制陶的始祖归附于神话传说中的神或圣人身上，以表示对制陶第一人的敬仰和感激之情。

# 第四章

## 蒸蒸日上——百业并举的新时代

夏商周三代是中华文明初步定型的时期,也是中华优秀传统文化和古老文明形成的时期。从夏朝的建立到商周文明的辉煌,中华民族经历了巨大的历史变革,创造了惊人的成就,在生产方式、社会结构、思想文化等领域,开拓了中华民族独特的历史发展之路。

# 农业工具的改进与增加

与新石器时代晚期的农具相比较,夏商周三代的农具材料中增加了青铜,种类多了中耕、除草农具,其他农具在过去的基础上也有所改进。

1. 整地农具

(1)木耒、铜耒

关于耒的形制标准,文献记载有车人制作耒,庛长有一寸,中直者三尺有三寸,上句者二尺有二寸。自其庛,缘其外,以至于首,以弦其内六尺有六寸,与步相中也。坚地欲直庛,柔地欲句庛,直庛则利推,句庛则利发。倨句磬折,谓之中地。这里要说明的是,凡是耒之尖都是斜尖,直尖的农具多被称为"尖头木棒",不能称为"耒"。

据考证,耒是尖头木棒揉曲而成的农具,庛为耒的下前曲部分。后来,为了增大掘土的宽度以提高效率,同时也可能为了减轻土壤对工具的阻力,由单齿耒发展成双齿耒。新石器时代晚期及夏、商、西周时期出土了大量双齿耒目。

（2）木耜、铜耜

耜在甲骨文、金文中都是近似椭圆形叶子的形状，其宽为5寸，长为1尺，在耜之上部，必须系以木柄，再在适当部位装一足踏横木。关于耜的材质，文献记载均为木质，这与人们当时居住在黄河中下游即中原地区有关，中原地区被疏松肥沃的黄土覆盖，为大量使用木质农具提供了条件。到了西周，出现了金属耜头和耜套。

耒与耜这两种不同的农具，其木柄都有足踩的横木，操作时足踩手压，可直插入土。有人认为，耒为殷商时期的农具，耜为西周时期的农具，但这种看法并不准确。商时也有耜，西周时也有耒。据《周礼·考工记》记载，既有耒，也有耜。耒、耜在西周、东周时期是常见的农具。

（3）铜犁

继石犁之后，到商、西周时期已出现铜犁。在1989年发掘的江西新干商墓中，出土了商代铜犁，其形近等腰三角形，宽体，两侧薄刃微弧，正面中部拱起，背面平齐，形成截面为钝三角形的銎口，两面均有纹饰，銎正中有一孔，长9.7厘米，肩宽12.7厘米，銎高1.6厘米。出土的春秋时期的铜犁，形制与前者近似，但右侧残缺，长13.5厘米，上端宽14.5厘米，重400克，底面二孔，可以用钉或木楔把犁头固定在犁底木上。犁面有明显的使用磨损痕迹。传世的周犁多为三角形，正面铸有饕餮花纹。但从总体上看，铜犁的数量极少，估计当时未能普遍使用。从当时的社会形态推测，很可能是用人力来拖动犁。

2. 中耕除草农具

在原始农业阶段，中耕除草的必要性与可能性都不大，到夏、商、西周时期，由于种植业的发展，特别是西周时垄作以及条播的出现，在农事活动中出现了中耕除草，就产生了适应这种需要的农具，如钱、镈。"命

我众人,庤乃钱镈,奄观铚艾""其镈斯赵,以薅荼蓼",钱、镈都是用金属制作的中耕农具。在出土的文物中,有名为铜铲者,其实是"钱";镈是后拽式的中耕除草农具,或是锄类农具。钱、镈曾为西周青铜农具的统称,在西周时期,包括青铜䦆,西周晚期至东周时期,则主要为金属锄、镈、钱等工具。钱、镈的出现,表明我国古代农业开始由粗放逐步向精耕细作演变。

3. 收割、储藏农具

(1) 铜镰

铜镰形制如石镰。《释名》曰:"镰,廉也。薄其所刈,似廉者也。又作鐮。"《周礼·秋官》记载:"薙氏掌杀草,春始生而萌之,夏日至而夷之。"夷之,郑玄谓:"钩镰迫地芟之也。"1984年,在安徽涡阳县双庙区盛双楼村一个窖藏出土的青铜镰,数量丰富且类型多样,引人注目。其中蚌埠双墩有銎镰,器身一面光滑,一面饰篦文,刃部有小锯齿,长弧背、直刃,有銎的设计对后世铁镰的样式产生了重要影响。

(2) 铚

由石刀演化成的金属小镰刀,在文献中被称为"铚",如"奄观铚艾"。据《说文解字》记载:"铚,获禾短镰也。"《管子》曰:"一农之事,必有一耜、一铫、一镰、一耨、一椎、一铚,然后成为农。"

# 夏商周的养猪业

新石器时代，猪被广泛养殖，并成为财富的象征，这一趋势在夏、商、西周时得到延续和发展。夏商周时期是衔接新石器时代和秦汉时代的重要时期，持续时间大约有2000年，但是由于缺乏文字记载，我们如今很难清楚地了解当时养猪业的情况，考古发现也不可能系统地展示养猪业的基本情况，因此只能利用有限的文字记载和考古发现来重现当时养猪业的片段。

据《历代职官考》称，夏代设有官职"牧正"，任此职的官员的工作可能涉及畜牧乃至养猪之事宜。夏代猪骨骼的考古发掘成果既不能与此前的新石器时代相比，也不能与后来的商代相比，这可能与目前考古发现的局限性有关，并不表示夏代的养猪业发展突然停顿下来。

商周时期，甲骨文中已经出现了"豕"字，这可能是最早关于猪的文字记载。《历代职官考》认为，商朝和夏代一样，也设有"牧正"这一官职，用于养猪管理，可见当时养猪业已经被提到非常高的位置，养猪的主要目的是给宫廷提供肉食。

有关商代农家饲养猪的情况，目前还没有直接史料可供了解。商代宫廷的养猪情况，由于某些文字记载，我们可以略知一二。商代宫廷养猪业的发展不受农业发展水平等因素的影响，对于当时的商王来说，有足够的能力来饲养提供肉食的猪以满足其奢侈的生活，所以才会有"酒池肉林"一词出现。在奴隶主贵族的祭祀中，猪在其中所占的比例和新石器时代一样也是很高的。商代往往是马、牛、羊、猪，或者牛、羊、犬、猪和羊、犬、猪等互相搭配来献祭。周代的"太牢"用牛、羊、豕3种家畜，"少牢"则用羊、豕两种家畜，猪在其中都担当主要角色。至春秋时期，一般地位低的贵族和士阶层，也以"特豕""特豚"来祭祀，猪的使用相当普遍。

商代猪的品种和特征也没有相关记载，所以目前很难了解当时的猪的体形。不过我们可以从出土文物中间接了解一些情况，其中出土于湖南湘潭的猪尊是一个难得的间接证据。1981年初，湖南湘潭县九华公社桂花大队船形山生产队社员在平整屋基时，发现了一件商代晚期的豕尊，这件青铜豕尊体形巨大，长72厘米，通高40厘米，重约40公斤。猪形塑造得十分逼真，通体布云雷纹、饕餮纹、鳞甲纹等纹饰，刻镂深沉，线条刚劲洗练，既是一件精美的祭器，又是一件优美的雕塑艺术品。相关专家研究认为，这件豕尊呈现的是一只雄性的野猪，其依据是"猪两眼圆睁，平视，两耳招风，长嘴上翘，微张，犬齿尖长。背上鬃毛竖起。四肢刚健，臀、腹部滚圆"，并指出其"活灵活现地塑造了一个膘肥体壮、孔武有力的野公猪形象"。但也有人认为，从这件豕尊来看，有可能塑造的是家猪的形象，理由如下："第一，野猪为了生存的需要，神经系统、头脚和前躯必须特别发达，因此野猪的前躯比较大，中躯的体幅较狭窄，后躯较瘦削，鬃甲明显高于臀部。然而这件豕尊，背部平直，中躯较宽圆，后躯较丰满，正是家猪的体貌和结构的特征。第二，由于上述原因，野猪的头部较长，头和身体的比例是1：3，有时甚至于要超过此比例。然而这件豕尊的猪头长度并不及其体长的1/3。第三，野猪的头脸强大伸直，嘴部尖细，头部整个像圆锥体，这是由于经常掘食地下植物和抵御外敌侵犯所致。而这件豕尊的头脸略有弯曲，且嘴筒粗短，这些都是家猪的形象。"因此有人认为，从这件豕尊中看到的是一个老年的雄性家猪的形象。

实际上，与其他兽尊相比，这件商代豕尊除了体形巨大而厚重外，它的前后肘部横穿一对圆管，推测是用于贯穿绳索，以便于抬动，因此它可能是用于祭祀的。祭祀时用猪是古代常有的事，随着农业生产的发展，大型家畜（如牛）成为重要事件的祭祀物，但是日常祭祀仍然用猪。正如《礼记·月令》中所说的"牺牲毋用牝"。因此在一般情况下，祭祀需要用雄性家猪。《礼记·杂记》说："凡宗庙之器，其名者成，则衅之以豭豚。"因此经常需要用公猪来祭祀。虽然家猪是易得之物，但公猪并不易得，因为当时的公猪除了繁殖之用外，大多被阉割作肉用，所以日常生活中难以见到大量的公猪，于是当时的人们就用青铜铸造出一个公猪的形象

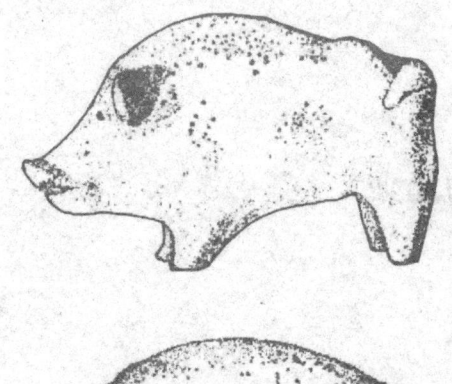

黑龙江省牡丹江市莺歌岭出土的小陶猪　　云南省祥云大波那出土的战国时期的铜猪

用来替代活的公猪，以作祭祀之用。从这一点来看，该豕尊以公猪的形象为模型，从而也就大致了解了当时公猪的形象。

除了上述商代的猪尊外，考古工作者还在黑龙江省牡丹江市莺歌岭发现了商代的13件小陶猪，从中也可以间接推断出当时家猪的大致形象。

从这些小陶猪中，我们可以了解到当时猪的形象和野猪差别并不大。

商朝被周人取而代之，中国历史进入西周时期。几乎在商朝建国的同时，周人的祖先后稷就在今关中一带从事农业生产活动。周人在克商之前，社会经济与文化的发展程度虽然不及商人，但是农业经济已经占据优势。一般来说，养猪事业的兴起和发展，与农业生产的发展有着密切的联系，农业发达往往意味着养猪业也发达。由于周人农业相对于商人来说发达，自然为养猪业的发展提供了有利条件，养猪的家庭数量变多，周代关于养猪的记载也逐渐多了起来。

## 夏商周的渔业

夏商周时期的捕捞业相较之前有了巨大的进步，这种进步首先表现在捕捞工具的发展上。归纳起来，捕捞工具可以分为网渔具、钓渔具和杂渔具三大类。

1. 网渔具

渔网（古称"网罗"）始于原始社会。人们利用植物纤维编成渔网，用来捕鱼。夏朝遗址出土有网坠。殷墟甲骨文中的"渔"字，像双手拉网捕鱼的形状。到了周代，因捕捞水域和捕捞对象不同，渔网有了不同的名称。一种大型渔网名为"罛"，专捕鳣、鲔等大型鱼类；一种中型的渔网名为"九罭"，这种网具的尾部有许多小袋，所以后世也称其为"百袋网"，是用以捕捞赤眼鳟和鳊等鱼类的；还有一种小渔网名为"汕"，用以捕捞小鱼。夏商周三代的渔网至今未见出土，但《诗经》中对以上各种网具都有明确的记载。从周代的记载来看，当时渔网使用的纤维材料主要是麻。

2. 钓渔具

1952年至1972年，河南偃师二里头早商宫殿遗址出土一枚铜鱼钩。这枚鱼钩钩身浑圆，钩尖锐利，顶端有一凹槽用以系线。从制造技术看，已表现出较高的制作工艺。到了春秋时期，随着铁器的出现，鱼钩又开始改用铁来制造。周代对钓竿、钓线、钓饵以及浮子等构件都很重视。钓竿选用长而坚挺的竹竿。钓线早期使用植物纤维，周时改用丝线，丝线轻且拉力强，有很好的使用效果。《诗经·召南·何彼襛矣》中记载："其钓维何？维丝伊缗。"《列子·汤问》中有《詹何钓鱼》的寓言故事，其中有"以独茧丝为纶"一句。钓饵一般选择鱼爱食之物，如米粒。此外，浮子也是钓具上的重要附属物，通常使用桔梗等植物，也可用羽毛。

3. 杂渔具

杂渔具指网、钓钩以外的各式渔具，这种渔具带有较强的地区性。夏商周三代使用的杂渔具很多，有鱼叉、弓箭、鱼笱、罩等。鱼叉最开始用

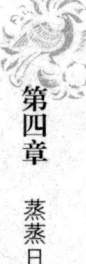

骨木制作，后来逐步改用铜铁来制作。弓箭的使用和原始社会相同，既是武器，又是捕鱼和打猎的工具。殷墟甲骨文中的"王弓渔"，就是指用弓箭射鱼。周代关于使用弓箭射鱼的记载很多，如《春秋》中记载的鲁隐公"矢鱼于棠"，说明当时普遍使用弓箭射鱼。一般称捕鱼为"矢鱼"。鱼笱是一种捕鱼竹笼，口部装有倒须，放置在鱼洄游路上，鱼能进不能出。《诗经·齐风·敝笱》中记载："敝笱在梁，其鱼鲂鳏。"罩也是一种捕鱼笼子，以竹或荆条编制而成，它的用法与笱不同，是由上向下罩捕鱼。

梁是一种捕鱼设施，亦可说是一种捕鱼方法。在河渠上筑一梁（水堰）拦水，梁上开一缺口，承以鱼笱，鱼顺水而下便会落入笱中。周代还出现一种叫"潜"的捕鱼方法，将柴木置于水中，引鱼栖居其下，围而捕之。

值得注意的是，唐代诗人陆龟蒙为渔业写过15首渔具诗，并作有一篇序文。陆诗反映的内容是唐代太湖流域的渔具捕鱼方法，但其序文曰："皆出于《诗》《书》、杂传及今之闻见，可考而验之，不诬也。"也就是说，陆诗中所写的大部分渔具，早在周代就已经出现。陆龟蒙的诗和序文中谈到的"矢渔之具"有翼、罾、罟、罩、筌、筒、车、笱、猎、叉、射、沪、参等。

周代海洋捕捞技术也有相当大的进步。《管子·禁藏》曰："渔人之入海，海深万仞，就波逆流，乘危百里，宿夜不出者，利在水也。"

由于捕捞工具的改进，周代的捕捞能力明显提高。当时捕捞的有淡水鱼，也有咸水鱼，不仅能捕生活在浅水区的鱼，也能捕生活在深水区的鱼，鱼的体形也有大有小。据《诗经》记载，当时捕捞的鱼有鳣（鳇鱼）、鲔（鲟鳇）、鲤、嘉鱼、鳏（鳡鱼）、鳟、鲂、鳐、鲦、鲢、鲿、鲨、鳢（乌鳢）等。《尔雅·释鱼》中记载的鱼名更多，有22种，这说明捕捞的范围在继续扩大。

### 姜太公钓鱼——愿者上钩

商纣王暴虐，周文王决心推翻其暴政。据传，太公姜子牙受师傅之命帮助文王。姜子牙觉得自己年过半百，和文王又没有交情，怕很难获得文王赏识，于是选择在文王回都途中，坐在河边用没有鱼饵的直钩钓鱼。大家知道，鱼钩是弯的，但是姜子牙却用直钩（其实也就不能叫钩了）并且不用鱼饵来钓鱼。文王知道了，觉得这是奇人，就主动跟他交谈，发现他是个有用之才，于是招入帐下。后来，姜子牙帮助文王和他的儿子推翻了商纣王的统治，建立了周朝。

## 雕花木漆器及骨器、牙器

漆器是中国古代的一项重要发明，根据考古发现，早在新石器时代已经发明了漆器。商代由于青铜手工工具的广泛使用，使木器和漆器的制作工艺有了很大的发展，并且可以在上面雕刻出精美的花纹。但是木漆器易朽，不易保存，所以目前考古很少发现。在湖北黄陂盘龙城遗址及安阳殷墟奴隶主贵族墓葬中发现有雕花木椁板的痕迹，在偃师二里头也出土了商代早期的漆器，在河北藁城台西村商代墓室出土了商代晚期的漆盘、漆盒残片，薄板木胎上雕刻有兽面纹、夔龙纹和云雷纹等纹饰，有的花纹上还嵌有绿松石。在安阳殷墟出土了商代晚期的漆豆、漆碟等，上饰饕餮纹、圆涡纹，有的漆器上还镶嵌有蚌壳、蚌泡及玉石。

北京琉璃河1043号西周墓地出土的兽面凤鸟纹嵌螺钿漆罍，木胎，挖制，辅以斫制。复原尺寸通高54.1厘米。此罍有盖，侈口，折肩，腹微鼓，圈足，有耳，以朱漆为地，施以褐彩，装饰繁缛。器盖因出土时被压，仅保留一半，其上有两个用蚌片镶嵌的木雕兽头，有眼、角、耳。原器盖上应有4个兽头，兽头之间有圆涡纹；颈部为用蚌片和彩绘组成的凤鸟纹带；肩部和上腹部均为用蚌片镶成的圆涡纹和漆绘花纹带；下腹部为蚌片和漆绘构成的饕餮纹，饕餮纹形象十分突出；圈足之上镶嵌着多组长方形蚌片，间以长方条形漆绘；器耳仅有一个保存较好，每个器耳为两只由蚌片镶嵌和彩绘构成的带冠凤鸟，大鸟在上，小鸟在下，鸟喙向外。这件漆罍形体高大，可能是迄今为止年代最早的螺钿漆器。其蚌片表面光滑平整，边缘整齐，蚌片之间接缝紧密，可见当时的填嵌技法已达到相当高的水平。它的出土为研究西周的螺钿漆器工艺提供了实物资料。

商代的骨器在生产与生活中也占有一定的地位，主要有用于狩猎或战争的骨镞，用于束发的骨笄，以及骨锥、骨针、骨栖等生活用品。值得注意的是，在郑州商代遗址东北部宫殿区的一条壕沟中发现了近百个被锯开的人头骨，并在距此不远的北墙外商代制骨作坊中发现了大量的人肢骨与肋骨，这些应该都属于制作骨器的原料，深刻地反映了奴隶社会的残酷。制作骨器的原料还有牛骨与猪骨等。制作骨器的工具有青铜刀、锯、钻以及磨制骨器的砺石等。

锋利的青铜工具的使用促进了牙雕工艺的发展。郑州白家庄商代中期墓葬中曾出土象牙觚和象牙梳。安阳殷墟商代晚期妇好墓出土的3件象牙杯，系用中空的象牙根段制成。其中一对夔鋬杯，高30.5厘米，杯身细高似觚，通体雕刻饕餮纹，并嵌以绿松石，另一件是带流的虎鋬杯，都是不可多得的珍品。

此外，在商代遗址中还出土有鹿角、蚌刀、蚌镰等物品。

## 精美的玉石器

夏代的玉器也颇具特色。就现有的考古资料看，夏代玉器在中国玉器史上具有承上启下的作用。夏代玉器以玉钺、玉斧、玉刀等象征性兵器为主，其工艺、造型等方面都继承了龙山等新石器时代晚期的玉器成就，同时，在造型、纹饰等方面又与商代早期玉器极为相似。

商代，虽然青铜器大量出现，但并未作为劳动工具而得到广泛使用，在生产中仍然大量使用石器，石铲、石镰、石斧等仍然发挥着重大作用。安阳侯家庄西北岗M1001王陵出土的白色大理石虎首人身踞坐雕像，背后有槽，可能是木柱旁的装饰。安阳武官村大墓出土的商代晚期的虎纹石磬，长84厘米，宽24厘米，厚2.5厘米，悬挂敲击，声音清脆，是一件精美的乐器。

在原始社会已经产生并得到一定发展的玉器，到了商代则有了更大的

发展。大量精美的玉器也是商周文化的一项重要组成部分。此时，玉料基本上已是新疆和阗（1959年更名为"和田"）玉，大部分是青玉，以绿色为主，还有少量的白玉和青白玉。安阳殷墟仅一座妇好墓就出土了755件玉器，主要有圭、琮、璧、璜、玦、瑗、环等礼器，钺、戈、矛、戚、大刀等仪仗用品，以及笄、柄形器及各种佩饰等，其中各种圆雕或平雕的人物形象以及虎、象、熊、龙、鸦、鹰等动物形象尤其生动。这些玉器线条流畅，表明琢玉技术与抛光技术均已达到相当高的水平。其中一件站立的裸体双面玉人，高12.5厘米，宽4.4厘米，厚1厘米，头上有双角，一面为男性，一面为女性，是这一时期玉器的代表作。

  西周用分封和礼制维系统治，各阶层在器用上的等级制度也体现在玉器上。这个时期出现了体现等级和礼制的组玉佩等礼玉，但严格的宗法制度、礼制观念和等级制度使玉器失去了商代晚期生动活泼的气息，略显呆板。葬玉在西周有了大发展，除玉玲、玉握外，还出现了玉覆面。在制作技术上，西周玉器承袭商代的双线勾勒技法并进一步发展，开创了一面坡粗线或细阴线镂刻的技法，制作出以鸟形玉刀和兽面纹玉饰为代表的典型西周玉器。

## 扩展阅读　丝织业的初步发展

中国是世界上最早饲养家蚕、缫丝和制作丝绸的国家，并且在古代一个相当长的时期内是唯一一个养蚕织丝的国家，这也是中国古代人民对于世界文明的重大贡献。根据考古发现，早在新石器时代，先民就已经开始养蚕。1926年，山西夏县西阴村仰韶文化遗址出土了一个半割的蚕茧。1958年，浙江吴兴钱山漾新石器时代晚期良渚文化遗址出土了盛在竹筐中的丝线、丝带和绢片等。经鉴定，这些是用家蚕丝织成的，绢片系平纹组织，经纬密度为每厘米52根和每厘米48根。到了商代，尤其是商代晚期，蚕丝业有了一定的发展。甲骨文中已有蚕、桑、丝、帛等字。1953年，河南安阳大司空村商代墓葬中出土了形态逼真的玉蚕，长3.15厘米。在一些青铜器上还留下了当时丝织品的残痕，例如，在殷墟妇好墓出土的青铜器上附有绢、罗、绮的痕迹。从发现的菱形花纹来看，当时已有了简单的提花织机。

到了西周时期，丝织业有了进一步发展。《诗经》中有许多讴歌采桑养蚕的诗篇，如《诗经·豳风·七月》："春日载阳，有鸣仓庚。女执懿

第四章　蒸蒸日上——百业并举的新时代

筐，遵彼微行，爰求柔桑。"1974年，考古工作者在陕西宝鸡茹家庄西周时期的墓葬中发现了许多造型生动的玉蚕，大的长约4厘米，小的长约1厘米。在青铜器或淤土上又发现了许多丝织品的印痕，有的三四层叠压在一起，大多为平纹组织，也有山型纹图案的提花织物，应是用提花织机织成的。尤其引人注目的是，考古人员发现了鲜艳的朱红和石黄两种颜色的刺绣印痕，花纹舒卷自如，采用的是辫子股绣针法，技法娴熟，针脚均匀整齐，其颜色是在绣后平涂上去的。

# 第五章 抱布贸丝——华夏商贸文明的发端

商业是在生产力发展到一定水平,有了社会分工和生产物的剩余之后才逐渐产生的。其初始的萌芽状态是生产者之间直接的物物交换,后来才有了新的交换形式——商业。夏商周时期就已出现了抱布贸丝的商业现象。

## 古老的物物交换

最早的交换发生于原始社会。在河南、甘肃、陕西属于早期仰韶文化的村落遗址中都发现了产于沿海的海贝,这是自外地交换而来的。当时的交换尚有偶然性。在距今5000多年前的原始社会晚期,畜牧业与种植业分离,手工业也相继与农业分离,交换相应扩大。据《易传·系辞下》记载:"神农氏……日中为市,致天下之民,聚天下之货,交易而退,各得其所。"这表示交换行为已经很平常,并且有了比较固定的时间和场所。古书中还有"因井为市"的说法,说明交易常在井旁进行,以便于汲水将货物洗净或便于汲水供人畜饮用,所以后世常把"市井"连称。

交换最初发生在因生产门类、自然条件的不同而拥有不同产品的氏族、部落之间,由氏族、部落首领为代表,对外进行交换。有虞氏部落的首领舜就是一位擅长从事交换活动的历史人物。传说舜曾"作什器于寿丘(今山东省曲阜市东北),就时于负夏(今山东省济宁市兖州区东北)"

（《史记·五帝本纪》）。"就时"即乘时逐利进行交易的意思。《尚书大传》中说舜"贩于顿丘"，"顿丘买贵，于是贩于顿丘，传虚卖贱，于是债于传虚"。顿丘在今河南清丰西南，传虚在今山西运城。顿丘缺少一些物品，所以"买贵"，舜就在这里出售他人所需的物品——主要是舜部落的特产、上好的陶器以及其他器具；而传虚方面有很多产品，所以"卖贱"，舜在那里以赊购（债）方式收进那些产品——主要是河东的池盐。他利用两地东西的贵贱差而从中获利。为了掌握河东池盐，舜在当上尧的继承人后，把政治中心迁于靠近盐池的蒲坂之地，今蒲坂城中尚有舜庙。舜在位时，更是花力气发展食盐生产。相传舜做五弦琴，曾弹琴歌南风之诗："南风之薰兮，可以解吾民之愠兮；南风之时兮，可以阜吾民之财兮。"

舜命禹治洪水，禹曾设法组织粮食在地区间调动，通过交换解决洪灾后百姓的生活问题。《尚书》记载禹所说的"懋迁有无化居，烝民乃粒"，即指此事。懋（贸）迁即贸易；化居，可理解为"交易其所居积"，即以其所有易其所无，"调有余相给"；烝，众多；乃粒，乃有粒食（粮食）。后世称做生意为"懋迁有无"即源于此。

## 古代钱币的出现

"钱币"一词有广义与狭义之分。狭义的钱币仅指作为货币主体的金属铸币,现代钱币学界一般持这种看法。广义的钱币泛指一切专门制造发行、充当一般等价物的特殊商品,主要有金属铸币和纸币,还包括厌胜钱、供养钱等。贝、龟、珠、玉、石、骨、蚌、皮以及牲畜、粮食、布帛等不是专门制造发行的所谓自然物商品货币,一般不属于钱币的范畴。

在《诗经·周颂》中,"钱"原指一种农具;在《国语·周语下》中,周景王要铸的"大钱"指铲形布币,再后来就引申出一般货币的含义。"币"在先秦原指用作礼物的帛,即"币帛";或引申为礼物资财的通称,如"皮币""珪币"等。但《国语·周语下》记载周景王时单穆公所说的"币"指的却是货币。"钱币"连称且指代货币始于《汉书·食货志》载"议更钱币以澹用"。之后,"钱币"几乎就是"货币"的代称。

在我国远古时期,生产力低下导致物质极不丰富,所以一个部落或者一个家庭没有多少剩余产品可以用来交换其他用品,部落或家庭之间偶尔发生的交换活动也只是以物易物，当时根本没有货币也不需要货币。随着生产力的发展和社会的进步，社会物质财富也相对丰富了，人们物质生活中的需求不断扩大，以物易物的交换方式已经不能适应社会生活的需要，于是有些地方的人们便把贝壳作为交换的中介物。在新石器时代晚期，金属不为人们普遍认识，贝壳却是珍贵的物品。生长于热带、亚热带浅海的贝类，小巧玲珑，色彩鲜艳，坚固耐用，是原始居民喜爱的一种装饰品，由于它具有大小适中、便于携带及便于计数等特点，随着社会经济的发展和商品社会的形成，贝作为交换的媒介成为自然而然的事，天然贝逐渐充当了商品交换的一般等价物。贝币的计量单位是"朋"，"朋"这个字的本义是指一串或两串相连的"贝"，后来逐渐演化成计量单位。一般认为，两串5个的贝为"一朋"。

## 三代生产力的发展状况

公元前21世纪，夏朝正式由禹建立。有关当时的政治、经济状况，《礼记·礼运》中有明确记载："今大道既隐（原始公社制度解体），天下为家（变公有为私有），各亲其亲，各子其子，货力为己（财产私有），大人世及以为礼（子孙继位，认为当然），城郭沟池以为固（保护财产），礼义以为纪（制定礼教和法律）；以正君臣，以笃父子，以睦兄弟，以和夫妇，以设制度（阶级制度），以立田里（划分疆界，土地私有），以贤勇知（养武人、谋士作爪牙），以功为己（谋个人利益）。故谋用是作，而兵由此起（争夺及战争不可避免）。禹、汤、文、武、成王、周公，由此其选也（成为统治阶级的圣人）。"

传说夏代的农业生产发达，禹大力倡导农业，他曾"躬耕而有天下""身执耒以为民先"，至于禹平洪水、变水患为水利的传说更是妇孺皆知。夏朝灌溉技术的推广，提高了农业生产水平。传说夏朝时已知酿酒，而酒是由谷物制成的，酒的出现说明农作物的产量已大大提高。农产品有一定的剩余又为手工业的发展提供了物质前提。传说夏禹曾铸造九鼎，后世还将九鼎作为国家的象征。

公元前17世纪，成汤灭夏桀，正式建立了商王朝，政治势力南到长江流域，北到燕山，西到陕西，东达海滨，是一个强大的奴隶制国家。

商代的社会经济主要以农业生产为主。农具中的石、骨、蚌器仍是主要的生产工具，但形制已有明显改进，商代后期开始将青铜器用于农业生产。那时黄河以南、以北的广大原野上已开辟出一块块田畴，分别种植五谷。在农业发展的基础上，畜牧业也更加繁盛，商代已开始饲养马、牛、羊、鸡、犬、豕等动物，几乎所有后世的家畜，当时都已出现。

商朝的手工业随着农业的发展也发达起来。在河南安阳西北出土的商代后母戊鼎，器制雄伟壮观。铸造这样的大鼎，需要大规模的作坊、复杂的分工及专门技术。此外，商代开始有了原始的瓷器和纺织。

商朝也有商业存在。贝产于海滨，玉产于西方，盘庚称贝玉为货宝，可见商朝就开始有手工业制品和对外交易。

西周时，农业生产发展很快。《诗经·小雅·甫田》中记载："倬彼甫田，岁取十千。我取其陈，食我农人……"这反映出西周时已有大片农田，粮食产量也较高，农作物的品种大为增加。当时已有"百谷"的称谓，有黍、稷、麦、麻、菽、稻、粱、瓜、果等农作物。

西周的土地归周天子所有。周人灭商后，周天子把田地连同当地的百姓按地区或分封给大贵族作封地，或赏赐给臣下作采邑。全国的土地和臣民在名义上都属于周天子。

西周时期的手工业是在商朝手工业的基础上发展起来的。西周的青铜器比起商代来，增加了制造地点，产量、品种也增多了。当时还有皮革业，用皮制裘、履等。建筑方面有台、榭、楼、观等。交通方面有舟、车、桥、梁等。

西周商人的地位逐渐提高，庶人富有既可过着贵族式的生活，也可参与到政治中。例如，王叔郑桓公迁都新郑时，同商人订立了互助盟约，请商人帮助他建立新政权。不过从西周整个经济生活上看，商业的发展程度还是比较低的。

## 西周的商业文明

西周时期，商业被列为"九职"之一，目的是通四方之珍异，主要为统治阶级服务。市场上的主要商品不外是奴隶、牛马和珍宝等。奴隶制国家对市场有一套固定的管理制度，规定体现贵族地位等级和权威力量的礼器和兵器不准入市；贵族买东西只能通过手下的管事和仆役等去办，自己不能入市，以免有失身份。市设专职官吏"司市"来进行管理，其下有分区管理及辨别货物真假的胥师、掌管物价的贾师、维持市场秩序的司虣、稽查盗贼的司稽、验证质剂（契约）并管理度量衡的质人以及征收商税的廛人，《周礼》中对此有详尽的记载。官府管理市场是为了使交易规范化，防止偷抢欺诈等事件的发生，以维护社会的秩序，保持物价的稳定，更好地满足统治阶级对"货贿六畜珍异"的需求。同时，官府也注意到度量衡是否公平、质量规格是否统一，这对一般消费者也有好处。这套做法一直为后世所效仿，影响久远。

西周使用大量的铜铸造礼器，还包括一些兵器、工具和货币（仿农具的铜铸货币叫作"布"，《诗经·卫风·氓》中"氓之蚩蚩，抱布贸丝"，这个"布"即布币），因此对铜料的需求十分迫切。

铜、锡的交易或入贡向来是同荆扬、淮夷等南方诸部物资交流的主要内容。《诗经·鲁颂·泮水》中有"大赂南金"的记载。周昭王时，南方以楚国为首的诸侯国起来反周，昭王率兵伐楚，中道中楚人之计（以胶船供王渡江，至江中胶解船沉），卒于江上，六师丧亡。这件事在经济上与争夺铜的资源有关，由此可见，铜在交易中所占的重要地位。

统治者对可作为贵重饰物、兼充"上币"的美玉也极感兴趣。周穆王时，犬戎势力强大，阻碍了周朝和西北政权的来往。周穆王西征犬戎，重新打开通向大西北的道路，"八骏日行三万里"，行踪直到今中国新疆、中亚之地。这位大旅游家"载贝万朋"，换取昆仑（今和田、叶尔羌一带）的玉石，发展了中原和西方的通商关系。

## 扩展阅读　姜子牙经商

中国历史上赫赫有名的齐太公，曾辅佐周武王纣伐殷纣王，被周武王称为"尚父"，但他本是一个做小本生意的商人。

齐太公，本姓姜，名尚，一名望，字子牙，故人称"姜子牙"。相传他是炎帝的后裔，因其祖先掌管四岳有功而封于吕，故为吕氏，又名吕尚。

姜子牙从做小本生意的商人起家，晚年辅周伐商，成为周朝第一开国功臣，被封于齐国，是姜氏齐国的缔造者，故史称姜子牙为齐太公。

姜子牙在没有从政之前，的确是一个专门从事贩卖活动的小商人，这在我国不少古籍中都有记载。《史记·齐太公世家》中说："吕尚盖尝穷困，年老矣，以渔钓奸周西伯。"就是说他在未遇周文王之前，家境贫困，是个饱经困苦的老人。

谯周的《古史考》中说："吕望尝屠牛于朝歌，卖饮于孟津。"朝歌是商末国都，孟津是商末大城市。就是说姜子牙曾在国都做过屠户，经营宰杀牛的肉铺，在大城市孟津经营过酒肆之类的市饮。

屈原的《天问》中说："师望在肆，昌何识？鼓刀扬声，后何喜？"《离骚》中又说："吕望之鼓刀兮，遭周文而得举。"屈原说的"师望"和"吕望"都是指姜子牙，"鼓刀"就是开屠场宰杀牲畜，"扬声"就是吆喝叫卖。

《盐铁论·颂贤》中说："太公贫困，负贩于朝歌。""负贩"就是背着东西去做小本生意。

《尉缭子》中说："太公望年七十，屠牛朝歌，卖食盟津，人谓之狂夫。"

"盟津"即"孟津"。这是说姜子牙70岁，还在做小本生意。《战国策》中说："太公望，齐之逐夫，朝歌之废屠。"

《说苑·尊贤篇》中说："太公望故老妇之出夫，朝歌之屠佐也。"说姜子牙是被逐出的赘婿。

以上史料说明，姜子牙在没有遇到周文王之前，是一个命运多舛、穷困潦倒的专门从事贩卖活动的小商人，而且70岁时仍然是小本经营。他的故乡在古东夷（今山东邹县）。他背着东西从家乡出发向西行，要走几百公里才能到达孟津、朝歌。真可谓是长途跑生意，长年在外地专门从事商业活动。

姜子牙经商的史实为我们研究商业发展提供了材料。姜子牙的时代正是商朝末期，他在朝歌和孟津做生意的时候正是纣王在位之时，这个时期已经出现了远离家乡、长年在外地经营小本生意的个体商贩。他们或是从这里跑到那里沿途叫卖，或是到城市里开设一个小店铺，为过住客商和一般城市居民服务。前者是"小行商"，后者是"小坐卖"，说明在商朝晚期已经出现了"自由商人"的萌芽。

# 第六章 服牛乘马——畜力运用促进交通文明

交通的发展在推动社会经济的发展和人类文明的进步方面有着极其重要的意义,它不仅是技术创新能力的具体体现,也是不同文明互相交流的重要纽带。在夏商周三代时期,畜力的运用促进了当时交通文明的发展。

## 夏朝的驯马技术

我国古代一直习惯用马来驾车,夏朝时,驯马技术就达到了一定的水平。据《竹书纪年》记载,"帝相十五年,商侯相土作乘马"。《荀子·解蔽》《吕氏春秋·勿躬》等古文献中也有"相土作乘马"的说法。相土是商汤十一世祖,商民族的第三任首领。这里的"乘马",即用马驾车。可见早在夏王朝初期,古人就已经开始驯马驾车。

中国古代传说中有"王亥驯马"的故事。王亥是商汤的第七世祖,被尊为"商高祖"之一。夏少康十一年(一说为约公元前1955年),王亥的父亲冥受命治理黄河,王亥就开始协助主持治河工程。夏杼十三年(公元前1920年),冥死于治河工地,王亥正式成为商侯国第七任首领。他改造了少昊发明的牛车,解决了交通运输中的困难,取得了治河工程的胜利,同时使商人的经济得到迅速发展,以致出现物品过剩的情况。王亥又利用牛车的运输能力,开始进行远距离的物资交换,开创了中国古代的商业,被视为中国经商人的鼻祖,使商人成为中国最初的经商者。此后,王亥奉命饲养野马。他不仅使野马的繁殖能力大大提高,还掌握了骑马的方法,

妇好墓室

组建了200多人的骑兵,首开骑马作战的先河,以及骑裸马(马鞍和马镫是秦汉之后的发明)的先例。王亥虽不是驯马的第一人,却是驯马技术掌握得比较好的驯马师,同时也是牛车制作技术的改进者。《管子·轻重戊》中所言"立帛牢,服牛马,以为民利",就是指"相土作乘马""王亥驯马",以及王亥改进牛车对于商人事业发展的贡献。所谓"帛",就是喂养牛马的饲槽;所谓"牢",就是圈养牛马的牲口棚。

王亥驯马的成功不是孤立的历史现象,中国古人养马、驯马的经验积累,可追溯到新石器时期。

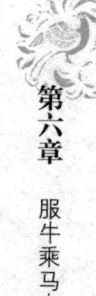

第六章 服牛乘马——畜力运用促进交通文明

# 夏朝的道路交通

夏王朝建立之后，随着国家政权的确立与巩固，道路交通事业也出现了前所未有的发展，其特点如下：

其一，夏代道路交通的开辟已经是全民动员的社会集体行动。据《史记·夏本纪》记载："禹乃遂与益、后稷奉帝命，命诸侯百姓兴人徒以傅土，行山表木，定高山大川。禹伤先人父鲧功之不成受诛，乃劳身焦思，居外十三年，过家门不敢入。薄衣食，致孝于鬼神。卑宫室，致费于沟淢。陆行乘车，水行乘船，泥行乘橇，山行乘檋。左准绳，右规矩，载四时，以开九州，通九道，陂九泽，度九山。"

这段话的意思是大禹与伯益、后稷等人接受舜帝的任命之后，立即指挥诸侯百官治水。为制订工程计划，大禹忍受着父亲因治水失败而被处死的悲伤，一路翻山越岭，不辞辛劳，苦心思索，竖立木桩作为标志，测定高山大川，在外面奔走13年，多次经过家门都不敢回家探望。他节衣缩食，住在简陋低矮的房屋里，毅然将全部资产用于治水。他陆路乘车，水路乘船，沼泽地中乘木橇，山路上穿着有齿的鞋子，左手拿着测量水平及标高的准和绳，右手拿着绘制方圆的规和矩，背负着测量四时的工具，终于开辟了九州的土地，打通了9条道路，整修了9个湖泊，测量了9座大山，疏通了9条河道，最终赢得了治水工程的胜利。

据《史记》记载，大禹受命治水的时间是在尧帝去世后不久，舜帝即位之初，按《夏商周断代工程年表》推算，大约是公元前2107年。大禹治水的故事发生于中国原始社会向奴隶社会过渡的变革时期。此时虽然尚未建立正式的国家机构，但是国家的雏形已经基本形成，这就为动员全社会的人力、物力参与治水活动提供了组织保障。大禹的父亲鲧治水9年，惨遭失败；大禹治水13年，大获成功。两者之间的差异应当也与组织条件有关。至于大禹采用的疏导治水的方法，当然是他取得治水成功的主要原因，但是也不能全盘否定鲧的"壅塞"治水之法。时至今日，疏导分洪与筑堤设坝仍然是抗洪的两大措施。大禹的高明之处，不仅是想到了疏导治水的方法，更重要的是悟出了先修路、后治水的必胜之道。中国的国家权力之所以出现于大禹之时，是因为大禹治水推动了社会进步，其中交通工程的社会意义不言而喻。直到1500年后的春秋时期，人们仍然经常缅怀"芒芒禹迹，画为九州，经启九道"。大禹治水的成功是动员全社会参与的结果，也是交通先行的结果。

其二，夏王朝与周边方国的政治、军事往来促进了交通事业的发展。据《战国策》记载："禹攻三苗，而东夷之民不起。"《竹书纪年》中记载"（帝相）七年，于夷来宾""（少康）二年，方夷来宾""（帝芬）三年，九夷来御""后荒即位，元年，以玄圭宾于河，命九东狩于海，获大鸟""后泄二十一年，命畎夷、白夷、赤夷、玄夷、凤夷、黄夷""后发即位，元年，诸夷宾于王门，再保墉会于上池，诸夷入舞"等史实。由此可见，夏王朝与周边方国的交往十分频繁，这有赖于道路交通的保障，同时也促进了道路交通事业的发展。

其三，夏王朝对周边自然资源的需求，也是促进道路交通事业发展的重要因素。据《左传》记载："昔夏之方有德也，远方图物，贡金九牧，铸鼎象物。"这清楚地表明夏王朝与周边方国广泛的经济联系也有赖于道路交通的保障。

其四，夏代各地域之间的物资交流推动了道路交通事业的发展。据《山海经》记载："王亥托于有易、河伯仆牛，有易杀王亥，取仆牛。"王亥的弟弟王恒日夜兼程逃回商丘。据王国维先生考证，这个"有易国"就是《楚辞·天问》中所说的"有狄国"。它位于黄河以北的易水河畔，也就是在今河北省保定市易县境内，依当时的道路，与商侯国当时所在的商丘相距约650公里，可见王亥的经商路线已经十分遥远。由此可知，夏王朝建立百余年之后，由于大禹"经启九道"的交通之便，各地域之间的商务活动已经突破地缘的封闭，通达于四面八方。这不仅丰富了夏朝人社会生活的内涵，而且必然会促进道路交通事业的发展。

从近年的考古发现中，我们同样可以清楚地看到夏代的道路交通已经有历史性的进步。1974年，山西省运城市夏县东下冯遗址发现一条属于夏代纪年范围的道路，路面宽约2米，厚约5厘米，采用陶片和碎石铺筑路面，其道路的宽度显然可以供人力车辆通行。据《毛诗正义》记载："夏后氏二十人而辇，殷十八人而辇，周十五人而辇。"夏代君主所乘的车既然是20人牵引的人力车，就必然要求有比较宽阔的道路。河南省洛阳市偃师二里头遗址大约是4000多年之前的夏代都城遗址，其城垣南北宽约1500米，东西长约2500米，面积约375万平方米。其中的城市道路不仅有用鹅卵石铺成的石子路，而且有一条铺设特别讲究的石甬路，路面宽度约0.6米，其西段采用石板铺砌而成，东段由鹅卵石砌成，路面十分平整。专家认为，这条石甬路就是专门为贵族统治者服务的"高等级道路"，与一般平民百姓通行的土路相比，具有鲜明的等级特色。

# 牛马运用与商路发展

用牛马等畜力为动力来驾车，组成浩浩荡荡的商队，进行远距离贸易，是商人的一个创举。虽然夏代就已经有了"驭马"的记载，但大量使用牛马则起于商代，并且是用于生产和商贸，而不仅是战争，因此就更具有社会意义。

商的始祖契和夏禹是同时代的人，到其第三世孙时，势力已经从今山东、河南之交拓展到渤海之滨。《诗经·商颂·长发》中有"相土烈烈，海外有截"的颂辞，证明商人活动范围已直达海滨。相土时期，商人已经能用4匹马驾车了，可见其驾驭技术之高和载重量之大。当时，商人畜养牛群已经有一定的规模，可以批量畜养、繁殖并投入交换。商人用以祭祀王亥的牺牲——牛，多到300头，可见当时牛的饲养是很多的。此外，商人也有经商的专长，他们运用牛马帮助远距离载运货物。商业的高度发达证明了商路的畅通，而畅通的商路又是顺利经商的基本保证。

商人重视道路交通，在文献中已经有商人修筑护养道路的记载。商代中叶，盘庚迁都于殷（今河南安阳）实现了商的中兴。他的侄子武丁继

第六章 服牛乘马——畜力运用促进交通文明

位之后，一天夜里，武丁梦见天帝赠给他一位贤臣，他记住了此人的相貌特征，第二天便召集群臣，试图"按貌索人"，找到他梦中见过的那名贤者。但没有找到，于是命人拿着画像到全国各地去寻找，结果在傅岩之野找着了梦中的贤人傅说。二人交谈甚为投机，武丁便拜傅说为相。傅岩，据考在今河南三门峡市境内，那里山岩险峻，且是东西大道必经之路。由于从山上流下的涧水常常冲坏路面，商王就让一批服刑的奴隶常年在这儿维护，傅说就是其中一员。这种说法有两层意义：一是商人重视道路养护；二是此路所经的三门峡地区是商代中原与渭水之间的交通咽喉，国家十分重视。商人就是由今三门峡向西经潼关一带入陕的。商王武乙（纣王的曾祖父）曾"猎于河渭之间"，走的大概就是这条路。

武丁时期，商的国力增强，于是向南方拓展，从而与活跃在江汉一带的荆楚势力相碰撞，进而发生了对抗。《诗经·商颂·殷武》中说：

> 挞彼殷武，
> 奋伐荆楚。
> 罙入其阻，
> 裒荆之旅。
> 有截其所，
> 汤孙之绪。

这段是说商王武丁强有力地指挥着部队，威势赫赫地去讨伐南方劲敌荆楚。部队一直插入楚国的纵深地区，越过险阻，将楚军一举击败，掳获楚军做俘虏，整治了他们的处所。武丁治理天下有条有理，真不愧是商汤的好后代。

黄河流域的商人击败了江汉地区的楚人，这次武装对抗体现了中原华夏文化区与江汉荆楚文化区之间的接触已经相当频繁，以致发生了尖锐的冲突。武丁的武装南进，为今后中原势力与荆楚势力之间的摩擦与纷争开了一个先例。武丁在南进的同时发兵北征，进攻燕山南北的鬼方、土方，西征甘陇一带的羌方，活动范围相当宽广。商的末代君主纣王也曾频繁出击东南的夷方、人方，把疆土向江淮地区拓展，并取得了重大胜利。但最后一次东征时，因周武王兵抵牧野，商纣王只得从前线撤回，力图挽救王朝的倾覆，却发生了"前徒倒戈"的突变，他自己也焚身而亡。总之，商人势力所及，包括了传说中炎帝、黄帝、尧、舜、禹全盛时期的所有活动区域，使华夏文明的覆盖面比过去任何时候都大。随着兵锋所及，主要的交通干道也就从商的腹地殷（安阳）向外辐射到华夏各地了。

商人注重交通建设，也注重管理。据《韩非子·内储说上》记载，商颁发过"刑弃灰于街"这条刑律，以对交通进行管理。它规定任何人不得把灰烬、垃圾抛在大道上，谁违反了谁就要受到严厉的处罚。为什么要这样轻罪重罚呢？显然是为了道路的清洁与通畅，以利于出行和运输。今天，我们可以不去讨论这刑罚是否合理，但应该注意的是，商代的道路管理已经提上了法的议程，这是一大进步。

商代在交通上的主要贡献是有了相对稳定的交通干线，既用于商业经营、行政管理，也用于军事活动。商代已经把道路的维修养护、交通的法制管理提上了日程。"服牛乘马"较好地解决了运输动力问题，是交通运输史上一件值得大书一笔的事。商代交通干线主要是安阳—商丘线和洛阳—商丘—曹邑线，一纵一横，为后世的交通线路搭起了最初的骨架。

商代的道路交通显然比夏代更为发达，辐射范围也更加广阔。据《诗经·商颂·玄鸟》中记载："古帝命武汤，正域彼四方。方命厥后，奄有九有。商之先后，受命不殆，在武丁孙子。武丁孙子，武王靡不胜。"意思大概是上天托付成汤，命他治理四方。成汤受命称王，九州尽入封疆。

商王既受天命，国运安然无恙。孙子武丁贤良，大业足以承当。从史籍记载以及目前发现的商代文化遗址可知，商代所谓"邦畿千里"比较符合实际，并没有特别夸张的成分，其东面抵达渤海，南面越过长江，西面直到甘肃，北面已经包括河北北部及辽宁部分地区。

商代的道路交通，特色有三：

其一，王邑的道路堪称典范。商人曾自诩"商邑翼翼，四方之极"。这从商代王都遗址的发掘中已经得到印证。1983年发现的河南洛阳市偃师城关镇尸乡沟商都遗址是商代早期都城遗址，也就是古籍中所说的南亳，面积约1.9平方公里。目前已发现城内修建有11条大路，路面宽度一般为6米，最宽处达到10米，道路与城门的方位相对应，构成棋盘式网络结构。主干道宽敞平直，直贯城门，路基土层坚硬细密，土质纯净，厚度约0.5米左右；路面中间微微鼓起，两侧稍低，目的显然是便于排放雨水。城门附近的路基之下铺设有木板盖顶的石壁排水沟，沟底全部用石板铺砌，内高外低，设有一定的排水坡度。城外沿城垣方向构筑有宽度约4.5米的环城道路。城内还建有与主干道相连接的斜坡"马道"，可以直接登上城垣。商代早期都城就有如此规划周详的城市道路布局，堪称当时的道路交通典范。

其二，商代的道路修建技术已经传播到江南。1973年发现的江西樟树市商代吴城遗址，被视为20世纪的重大考古发现之一，共出土文物900余件，并发现一段长约100米、宽约6米的道路遗存。其路面结构类似于"三合土"，路沿两侧凿有排列有序的柱洞，显示出当年此处曾经设有顶盖。由此可见，古人所谓"商不过江"的说法，显然已经被考古发掘的实证所突破。事实表明，商代的道路修建技术不仅已经跨过长江传播到江南地区，而且大有后来居上的意思。

其三，商代晚期已经形成以殷都为中心的道路交通网络。据考证，商都殷（今属河南安阳）设有6条交通干道：第一条是沿东南方向通往徐淮地区的交通干道，即甲骨文中所谓的"征人方"的道路；第二条是沿东北方向通往河北卢龙（今属河北秦皇岛）及辽宁的交通干道；第三条是东向通往山东蒲姑（今属山东博兴东南）的交通干道；第四条是南向通往湖北、湖南、江西的交通干道；第五条是西向通往陕西、甘肃的交通干道；第六条是沿西北方向翻越太行山通往山西的交通干道。

# 商代的役象文明

大量的考古发现使地理学家和气象学家推断出中国古代的地理环境状况及气候条件。据专家推算，旧石器末期，中原地区的年均气温比目前高出约7℃至8℃，当时西安和安阳地区有十分丰富的亚热带植物和动物，目前山西、陕西、河南等地的旧石器遗址均有大量象骨出土。殷商甲骨文中曾明确有商王狩猎"获象七""丁未卜，象来涉"的记载，显然是当时捕猎野象的记录。殷商甲骨文中还有另一类记载，比如"以象侑（酬谢）祖乙""于癸亥省象"，则是指以大象为祭品，以及视察象群牧放、调运输送大象等活动，这是针对家象而言的。

1935年，第12次发掘殷墟时，"发掘象坑两个，一坑为小象，一坑为大象，象背后埋1人，俯身"，随葬者可能是驯象人或驭象人。1976年，殷墟妇好墓发掘出1928件文物，其中就有两只圆雕玉象"作站立状。长鼻上伸，鼻尖内卷成圆孔，口呈三角形，微张。小眼细眉，大耳下垂，体肥硕，四肢粗短，尾下垂。身、足饰云纹，背、尾饰节状纹"，形态憨然可掬，显然是以家象为模型的雕琢工艺品。

1978年，殷墟王陵东区又发现一个长2.4米、宽1.7米、深1.8米的殉葬象坑，象体高约1.6米，身长约2米，门牙尚未长出，象身上佩有一只铜铃，显然是一只已经驯化的幼象。

据《论衡》记载："舜葬于苍梧，象为之耕"，进一步透露出舜帝时期古人已驯化野象并役使象的信息。《吕氏春秋·古乐》记载："商人服象，为虐于东夷。周公以师逐之，至于江南。乃为《三象》，以嘉其德。"这就是说，商人亡国之后不久又发动叛乱，将驯化的大象用于对东夷各族的战争。周公出兵东征，乘胜追击到江南，彻底击败商人的象军。于是，周人创作一首名为《三象》的乐曲，赞美周公的功德。著名史学家徐中舒认为，河南之地古称豫州，就是以盛产大象而得名。《说文解字注》解释为"豫，象之大者"，言之有据。甲骨文的"为"字，体现出以手牵象的形态，表明古人已经开始驯养大象。著名甲骨文专家罗振玉认为："古者役象以助劳，其事或尚在服牛乘马以前。"也就是说，中国驯化野象的历史可能早于夏商时期服牛乘马的历史。

# 西周的交通

到了西周，畜力的运用使当时的交通更加通畅。这主要体现在道路、交通工具和交通管理几个方面。

《诗经》数言"周道""周行"；毛《传》、郑《笺》于不同处或释为"通道"，或释为"政令"，或释为"列位"；从朱熹《诗集传》始，皆释为"大道""大路""周之路"。"道路而冠以'周'，无疑是与周王室有关。所以'周道'是指由周王室修筑，通向王室各地（各诸侯国境内）的一种道路的专称。"根据文献及青铜器铭文所记周王室与各诸侯国往来的情况，可以推定由王室中心地区通向各诸侯国的几条道路的大致走向。从《诗经·小雅·大东》"周道如砥，其直如矢"（意谓周道平似磨刀石，直如箭杆）及《国语·周语》"周制有之曰'列树以表道，立鄙食以守路'"等记述看，当时的周道宽阔平直，道旁还种有树，有些地方路边还有供行者饮食的庐舍，似是按一定的规格、标准修筑的。

上引《国语·周语》中言"立鄙食以守路"，似路边之庐舍除为过往者提供饮食外，还肩负"守路"的职责。《周礼·秋官·野庐氏》曰：

"野庐氏掌达国道路至于四畿，比国郊及野之道路、宿息、井、树。若有宾客，则令守涂地之人聚柝之，有相翔者，则诛之。凡道路之舟车鳖互者，叙而行之。凡有节者及有爵者至，则为之辟。禁野之横行径逾者。凡国之大事，比修除道路者，掌凡道禁。邦之大师，则令扫道路，且以几禁行作不时者、不物者。"意思是野庐氏掌管从王都通往四畿的道路，并负责检查国都附近及远处的道路和过往行人休息的庐舍、水井、树木。有宾客经过，则令附近居民组织起来打更守卫，发现有徘徊观望者则予以责罚。路上车辆发生拥挤堵塞时，要按秩序疏通。遇有外交使臣和有爵位的人经过时，要让其他人回避。禁止横穿田野、越过沟堤乱闯。遇有国家大事，要督促检查养护道路的人。此外，野庐氏还掌管有关道路的禁令。国家有大的军事行动时，则下令清扫道路，并查禁不按规定时间通行、穿着奇特及携持奇异物品的人。从上述记载看，当时已有交通管理机构和管理办法。

当时，陆地上的交通工具主要是马车。西周的车在今西安、宝鸡、洛阳等地皆有发现。从构造上看，与殷商车制大体属同一类型，与《考工记》所述亦基本符合，即双轮、独辕、长方形车厢。车子有两马驾的叫"骈"，三马驾的叫"骖"，四马驾的叫"驷"。马车不仅是供贵族乘坐的交通工具，也是贵族等级身份的象征。

北方及西北广大地区以畜牧业为主的少数民族，平时以马代步，牧场搬迁时则以牛为主运载家什，有些地区至今仍是这样。因此，马和牛（青藏高原主要是牦牛）是这些地区居民们交通运输的主要工具。

西周的交通管理已被列入国家管理制度。《周礼》中明确规定了有关交通管理官员的职责：司门，负责管理城市的门禁和市容；司关，负责管理道路关卡，并征收关税；司险，负责修建田间道路和水渠，并执行紧急情况的交通管制；掌节，负责管理及稽查道路通行证件；野庐氏，负责管理国之道路及国至野的道路及道路沿途的驿传和接待；合方氏，负责管理天下道路，并负责疏通物流和掌管计量标准。据《周礼》记载，西周的交通管理制度大体有4部分内容，即警跸制度、回避制度、人行制度、夜禁制度。

所谓"警跸制度"，就是为保证王室贵族的安全而实行的"清道禁行"的管理制度。对此，《周礼》有以下明确规定。

一是"（宫正）凡邦之事，跸宫中、庙中"。这就是说，国家有重大活动时，名为"宫正"的职官就负责清道，禁止皇宫及宗庙沿途的行人干扰。

二是"王燕出入，（士师）则前驱而辟……诸侯为宾，则帅其属而跸于王宫，大丧亦如之。大师，帅其属而禁逆军旅者与犯师禁者，而戮之"。这就是说，君王的日常进出由名为"士师"的职官负责执行清道禁行；如果有接待诸侯宾客的国事活动或王室的祭祀、丧葬活动，士师就要指挥部属执行跸禁；如果有重大的军事行动，士师也要指挥部属实施警戒，并处死扰乱军伍或触犯"师禁"的人。

三是"大祭祀、大丧纪、大军旅、大宾客，（乡士）则各掌其乡之禁令，帅其属夹道而跸"。这就是说，凡是王室有祭祀、丧葬活动，或军事行动以及外事接待活动，名为"乡士"的职官就要负责执行当地的禁令，并按照《周礼》的规定指挥其部属实施跸禁制度。

四是"若邦有大事聚众庶，（遂士）则各掌其遂之禁令，帅其属而跸"。这就是说，如果君主需要召集民众集会，名为"遂士"的职官就要指挥部属参与执行跸禁制度。

五是"若有祭祀、宾客、丧纪之事，（内竖）则为内人跸。王后之丧迁于宫中，则前跸"。这就是说，如果有祭祀、丧葬及外事接待等重大活动，后宫的"内竖"也要为后宫的车驾执行跸禁制度；如果是王后棺柩将

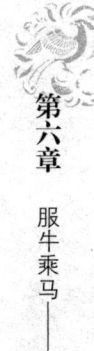

迁到宗庙，"内竖"就要为王后的灵柩清道。

六是凡诸侯及诸臣要葬于墓地的，"（冢人）授之兆，为之跸，均其禁"。这就是说，凡是诸侯或诸臣要葬于墓地，负责管理墓地的"冢人"就要明确划分墓地区域，并执行跸禁制度，安排人守墓。

所谓"回避制度"，就是《周礼》所称的"辟"，也就是为王室人员外出清道开路，驱使行人回避。具体规定有以下几项：

一是"大宾客，（小司寇）前王而辟，后、世子之丧，亦如之"。这就是说，凡是有接待国宾的重要活动，或者王后、王子的丧葬活动，名为"小司寇"的职官必须直接参与执行清道辟禁。

二是"条狼氏掌执鞭以趋辟。王出入，则八人夹道，公则六人，侯、伯则四人，子、男则二人"。这就是说，名为"条狼氏"的职官负责挥鞭清道。国王出入时，由8人夹道执行；公爵出入时，由6人执行；侯爵、伯爵出入时，由4人执行；子爵、男爵出入时，由2人执行。

三是"（朝士）帅其属而以鞭呼趋且辟，禁慢朝、错立、族谈者"。这就是说，在外朝巡行时，名为"朝士"的职官指挥部属用鞭子呼喊驱散此处的民众，执行回避，并查禁与会人员中敢于怠慢或私下交谈的人。

四是"凡有节者及有爵者至，（野庐氏）则为之辟。禁野之横行径逾者"。这就是说，凡是持有符节或有爵命的官员到来，名为"野庐氏"的职官就必须为之清道，禁止行人横穿。

据《晏子春秋》记载："古者人君出，则辟道十里。"由此可见，西周回避制度规定的范围或已达到5公里之远。据《左传》记载："（成公五年）梁山崩，晋侯以传召伯宗，伯宗辟重，曰：'辟传！'重人曰：'待我，不如捷之速也。'"周定王二十一年（公元前586年），陕西咸阳市乾县境内的梁山发生山崩，河水被阻塞，情况紧急。晋景公姬据下令以驿传紧急召见大夫伯宗。伯宗在途中遇到一辆重车挡道，伯宗的随从大声呼叫重车回避，押送重车的人却说等他避开更耽误时间，并告诉伯宗，应当如何妥善处理山崩。伯宗请押送重车的人一同去见晋景公但遭到了拒绝，伯宗只好将其意见转告晋景公，晋景公采纳了他的意见。可见，春秋时期的回避制度已经有所放松。正如《孟子》所言："君子平其政，行辟人可也。"有德行的执政者，其政令应当比较温和，执行回避制度的时候，行人只要不妨碍交通就行了，不必过于苛求。

所谓"人行制度"，即"男子由右，妇人由左，车从中央。父之齿随行，兄之齿雁行，朋友不相逾。轻任并，重任分，斑白不提挈"。道路上，男人应当靠右走，女人应当靠左走，让出中间的地方以供车辆通行。遇到与父辈年纪相当的人，应跟随其后；遇到与兄长年纪相当的人，可以和他并行，而自己稍稍靠后。和朋友一块走，自己也不要超越在前。二人同行，各有负担，分量若都不重，就合在一起，由年轻人担；分量若都不轻，就调整一下，年轻人挑重的；头发花白的老人，就不要让他在路上背东西了。

所谓"夜禁制度"，就是严格禁止民众夜间上路通行的制度，其具体规定也有两项。

一是"司寤氏掌夜时。以星分夜，以诏夜士夜禁。御晨行者，禁宵行者、夜游者"。也就是说，名为"司寤氏"的职官负责执行夜禁制度。

二是"司门掌授管键，以启闭国门"。也就是说，名为"司门"的职官，负责管理城门的管（钥匙）键（锁），负责按时开关城门。

## 西周的车马管理

　　西周的车马管制等级森严。主管公车的官员被称为"巾车",职责是监管公车的使用和公车等级规范的执行。同时,设有名为"典路"的职官,负责管理君主和王后的专车;设"车仆",负责管理各种军用车辆;设"司常",负责管理各类车辆的旗号;设"校人",负责管理牵引车辆的马匹;设"牧师",负责管理牧马场;设"趣马",负责挑选和训练马匹;设"巫马",负责为生病的马治疗。

　　西周的公车管理制度规定,君主的专用车有5种。一是"玉路",二是"金路",三是"象路",四是"革路",五是"木路"。所谓"玉路",就是用玉石装饰的豪华车,可以插上以日月星辰为图案的大旗,用于祭祀活动;所谓"金路",就是用黄金装饰的豪华车,可以插上以龙为图案的大旗,用于会见宾客,也可以用来封赐同姓诸侯;所谓"象路",就是用象牙装饰的豪华车,可以插上以鹰为图案的红旗,用于朝见或册封活动,也可以用来封赐异姓诸侯;所谓"革路",就是用皮革装饰的军车,可以插上以熊、虎为图案的白旗,用于军事活动,也可以用于封赐守卫四方的诸侯；所谓"木路"，就是用黑漆涂饰的轻便车，可以插上以龟、蛇为图案的黑旗，用于田猎活动，也可以封赐藩国诸侯。

王后的专车有5种，即"重翟""厌翟""安车""翟车""辇车"。所谓"重翟"，就是用双层野鸡羽毛装饰的豪华车；所谓"厌翟"，就是用单层野鸡羽毛装饰的豪华车；所谓"安车"，就是设有帷幔和顶盖的车；所谓"翟车"，就是装饰有少量野鸡羽毛的轻便车；所谓"辇车"，就是用人力驱动的小车。

君主的丧车也有5种。其一是"木车"，其二是"素车"，其三是"藻车"，其四是"駹车"，其五是"漆车"。所谓"木车"，就是用蒲草做车上的藩蔽的丧车；所谓"素车"，就是用麻布做车上的藩蔽的丧车；所谓"藻车"，就是用苍白色的缯做车上的藩蔽的丧车；所谓"駹车"，就是用细苇席做车上的藩蔽的丧车；所谓"漆车"，就是用漆席遮蔽的丧车。这5种丧车分别用于不同的丧葬期间。"木车"使用于丧葬初期，"素车"是用于送葬、哭葬的车，"藻车"是丧期13个月的祭奠用车，"駹车"是丧期25个月的除服用车，"漆车"是丧期27个月的祭奠用车。

西周的马车铃铛

此外，西周王朝明确规定各级官员的用车标准，三公级别的高级官员可以乘坐刻有五彩线条的名为"夏篆"的车；卿级的高级官员可以乘坐绘有五色线条的名为"夏缦"的车；大夫级别的官员可以乘坐黑色的"墨车"；士一级官员可以乘坐铺有皮革的"栈车"；一般民众只能乘坐运货的"役车"。《诗经》中有50余篇言及车辆，可见西周时期的车辆使用已经十分频繁。

西周的马车仍然是独辀车，也就是单辕车，普遍使用4匹马作牵引，但是整车结构已经非常合理，部件也非常精密，增加了仪、轼、轸、轵、鞴、輹等实用配件。所谓"仪"，就是车衡上贯穿缰绳的金属大环；所谓"轼"，就是车厢前面的扶手；所谓"轸"，就是车厢底部用以加固的横木；所谓"轵"就是车轴顶端的固定装置；所谓"鞴"，就是车厢两旁的挡板；所谓"輹"，就是车轴与车厢之间的垫木，俗称"车伏兔"，有一定的减震作用。

西周时期的牛车已经出现"单牛双辕"的样式，首开"独辀车"向"双辕车"转变的先河，是古代车辆史中的一次重大变革。到春秋战国时期，双辕马车相继问世，"胸式系驾法"随之产生。胸式系驾法使"车軏"与"车鞅（马牵引车辆的皮带）"分离，两条皮带连接成为一条绕过马胸的胸带。马牵引车辆时，只是胸带受力，车軏仅起支撑车衡、车辕的作用，受力点分别是马的颈部和胸部，马的局部受力相应减轻，有利于其体力的发挥。

## 西周的道路养护

《诗经》中有一首名为《天作》的诗,诗曰:"天作高山,大王荒之。彼作矣,文王康之。彼徂矣岐,有夷之行,子孙保之。"意思是天生这巍峨的岐山,经过太王(古公亶父)的艰苦创业,显示出无限宽广;经过文王的苦心经营,更成为人心所向;民众纷纷奔赴岐山,岐山的道路何其坦荡;子孙后代一定要精心保养,保持一路通畅。按《毛诗序》的说法,《天作》是周族人祭奠先王的祭祀之作。由此可见,周人已经把养护道路作为对先人的庄重承诺。西周的道路养护工作主要有4项内容,即"列树""巡行""清道""视途"。时至今日,这4项工作仍然是公路养护部门的基本职责。

所谓"列树",就是种植行道树。据《国语》所言,"周制有之曰:'列树以表道,立鄙食以守路'"。所谓"鄙食",就是类似于现在设置的"道班房",可以提供免费食宿。周王朝有制度规定,必须种植"行道树"以标示道路,即使是边远地方也设有供给伙食的"庐"。由此可见,西周时期已经有明确规定植树指路、植树护路,以及立鄙食养路的国家制度。

所谓"巡行",就是巡视检查道路的养护情况。《周礼》记载有"野庐氏,掌达国道路"。郑玄的注释为"达道路者,山林之阻则开凿之,川泽之阻则桥梁之","达谓巡行通之,使不陷绝也"。这显然是指巡查养护道路,以保证道路畅通。

所谓"清道",就是《周礼》所说的"若有宾客,则令守涂地之人聚柝之。有相翔者,则诛之。凡道路之舟车擎互者,叙而行之。凡有节者及有爵者至,则为之辟。禁野之横行径逾者。凡国之大事,比修除道路者,掌凡道禁。邦之大师,则令扫道路,且以几禁行作不时者、不物者"。由此可见,西周制度中规定的"清道",并不只是简单的道路清扫工作,而是包括道路维修、道路养护、道路清扫以及道路警戒在内的综合任务。

所谓"视途",就是《国语》所说的"司空视途"。司空是商代开始设置的官职,其地位仅次于"三公",位列"六卿"(天官冢宰、地官司徒、春官宗伯、夏官司马、秋官司寇、冬官司空),职责是掌管全国的工程建设,相当于后代的工部尚书。《左传》中曾记载:"侨(子产姓公孙名侨)闻文公之为盟主也,宫室卑庳,无观台榭,以崇大诸侯之馆。馆如公寝,库厩缮修,司空以时平易道路,圬人以时塓馆宫室。诸侯宾至,甸设庭燎,仆人巡宫。车马有所,宾从有代,巾车脂辖,隶人牧圉,各瞻其事。百官之属各展其物。公不留宾,而亦无废事。忧乐同之,事则巡之,教其不知,而恤其不足。宾至如归,无宁灾患?不畏寇盗,而亦不患燥湿。"这段话的意思是说,侨听说晋文公做诸侯盟主的时候,自己居住的王宫很简陋,没有亭台楼榭,但是却修建高大舒适的馆舍接待诸侯宾客,连库房、马厩都修缮一新。司空按时维修道路,泥瓦匠及时粉刷墙壁,诸侯宾客一到达,庭院中就生火,护卫随即巡逻警戒。车辆有人保养、维修,宾客有人陪同、服侍,马匹有人看管,各部门分别履行职责,大小事务都不会贻误,更不会耽误宾客的行程。做到与宾客忧乐与共,随时通报情况，使其感受到家的温暖，根本不用担心会有什么麻烦，更不必害怕偷盗以及天气燥热或雨水打湿损坏货物等问题。这段话出于周景王三年（公元前542年），子产陪同郑简公会见晋平公，因晋平公不肯及时接见，子产就故意拆毁驿馆的围墙，晋平公派士大夫文伯去责怪子产时，子产乘机讲出这个道理，引起了晋平公的重视，于是"晋侯见郑伯，有加礼，厚其宴好而归之"。从子产这段辩解中我们不难看出，西周制度规定的"司空视途"不仅是对道路养护的高度重视，而且有非常明确的工作职责。

西周时期，远离城郊的道路维修被列入"野役"一类的工程项目中，由"遂"级行政单位负责具体实施。《周礼》中记载："若起野役，则令各帅其所治之民而至，以遂之大旗致之，其不用命者，诛之。凡国祭祀，共野牲，令野职。凡宾客，令修野道而委积。"这段话显然包括了道路维修工程。由此可见，西周时期远离城郊的道路还处于落后状态，一旦有迎接宾客之类的特殊需要，就必须由"遂"级行政单位动员民众起野役，也就是临时组织道路维修。凡是不肯积极参加修路的人，将面临死之威胁。周代的"遂"，由1.25万户人家组成，管辖5个"县"（每个"县"管辖5个"鄙"，每个"鄙"管辖5个"酂"，每个"酂"管辖4个"里"，每个"里"管辖5个"邻"，每个"邻"有5户人家），行政级别相当于后来的"郡（地区）"级建制。"遂"的行政首长称为"遂大夫"。按照《周礼》中的编制，每个"遂"设置"遂大夫"1人（中大夫），相当于专员；其副手称为"遂人"，设有2人，也是中大夫级别，相当于副专员；"遂大夫"的部属设有"遂师"4人（下大夫），其助手有上士8人、中士16人、下士32人。他们的工作内容之一是"宾客，则巡其道修，庀（置备）其委积"。这就是说，"遂师"的工作职责就是有宾客将要到来时，巡视道路，并负责监督检查道路沿途驿馆粮草的储备情况。

## 扩展阅读　烽火戏诸侯

烽火又称"烽燧",是商代创设的报警系统,就是在边防沿线修筑瞭望台,并延伸到通往边防城镇及都城的交通大道上,白天放烟为"烽",夜间举火为"燧"。烽火台的使用时间早于长城的修建时间,后来与长城结为一体,构成中国古代的边防体系,一直使用到清康熙时期,时间约3000年之久。

烽火台有方、圆两种造型,类似于后来的碉楼。其布局分为3类:第一类设置于边防前沿,是监测敌情的耳目;第二类设置于边防沿线,任务是向边防守军传递情报、传达命令;第三类设置于通往都城的交通大道沿线,任务是直接向朝廷传达信息,或传达朝廷命令。据《通典》记载:"烽台,于高山四顾险绝处置之,无山亦于孤迥(远)平地置。下筑羊马城,高下任便,常以三五为准。台高五丈,下阔二丈,上阔一丈,形圆。上建圆屋覆之,屋径阔一丈六尺。"从目前发现的烽火台遗址看,其高度为15米左右,地基边长5至8米。

先秦时期,烽火台的警戒信号有6种,即蓬(蓬草)、表(树枝)、

烽火台遗迹

鼓（鼓声）、烟（狼烟）、苣火（苇秆扎成的火炬）、积薪（高架木材草垛）。如果入侵之敌不满千人，就点燃1个火堆；超过千人，则点燃2个火堆；超过两千人，则点燃3个火堆。此外，还有举蓬、举表、举苣火以及敲击鼓点的约定方式，可以传递更多的情报。

《史记》记载："褒姒不好笑，幽王欲其笑万方，故不笑。幽王为烽燧大鼓，有寇至则举烽火。诸侯悉至，至而无寇，褒姒乃大笑。幽王说之，为数举烽火。其后不信，诸侯益亦不至。"这就是历史上著名的"烽火戏诸侯"的故事。这段话的意思是说周幽王的宠妃褒姒不喜欢笑，周幽王千方百计欲逗她一笑，褒姒仍然不肯笑。后来，周幽王为博取褒姒的笑容，竟然下令举烽火、击鼓。于是，诸侯各国纷纷派兵赶来勤王，结果发现被戏弄一场，褒姒终于为此开怀大笑，周幽王也因此而高兴。

接连几次胡闹之后，即使周幽王多次举火、击鼓，诸侯各国也不肯再响应。"烽火戏诸侯"的最后结果是申侯勾结犬戎突袭镐京（今属陕西西安），追杀周幽王于骊山脚下，褒姒也被俘虏，西周王朝的都城镐京被焚掠一空。后来即位的周平王宜臼只好迁都到东都洛邑（今属河南洛阳），周王朝由"西周"演变为"东周"，中国历史从此进入战乱频仍的春秋战国时期。

# 第七章

## 探本溯源——古老的华夏制度文明

我国的制度规范起源于夏商周三代，其中一些重要的制度不仅鲜明地反映出中国古代制度的历史和地域特色，对三代文明发展也起到了重要的保证作用，而且为中国封建专制主义中央集权制度的产生和发展提供了基础。

## 帝制文明——世袭制

古代社会基本都曾出现过世袭制。世袭制就是帝位、爵位、名号以及财产等按照血统关系世代传承,这种传承主要包括家长的传承和王国、诸侯国的传承。家长的传承可分为父系与母系。执政的君主之间也有承接。君主与后续君主之间一般有血缘关系,但不一定就是父传子,有的是兄传弟,也有的是叔传侄。有的是受命于王,有的是抢班夺权、谋权篡位,但这种不在世袭之列。中国的王位世袭制开始于大禹打破禅让制,传位给他的儿子启。

启是如何取得继承权并得到王位的呢?历史文献记载不一。

较早的记载见于《孟子·万章上》,万章问曰:"人有言,'至于禹而德衰,不传于贤,而传于子',有诸?"

孟子曰:"否,不然也。天与贤,则与贤;天与子,则与子。昔者,舜荐禹于天,十有七年,舜崩,三年之丧毕,禹避舜之子于阳城,天下之民从之,若尧崩之后不从尧之子而从舜也。禹荐益于天,七年,禹崩,三年之丧毕,益避禹之子于箕山之阴。朝觐讼狱者不之益而之启,曰:'吾君之子也。'讴歌者不讴歌益而讴歌启，曰：'吾君之子也。'丹朱之不肖，舜之子亦不肖。舜之相尧，禹之相舜也，历年多，施泽于民久。启贤，能敬承继禹之道。益之相禹也，历年少，施泽于民未久。舜、禹、益相去久远，其子之贤不肖，皆天也，非人之所能为也。"

孟子先通过讲述尧舜禹相传的历史来解释远古的禅让制，说禹传位时采用的仍是禅让制，"禹荐益于天"，即推举东夷人首领伯益来继位。但是由于"启贤，能敬承继禹之道"，而益"历年少，施泽于民未久"，天下之民都从启而不从益，因此禹死后，启继承了王位。在孟子笔下，传贤传子都是天意所定，而禹传启，本质上也是传贤。

《史记·夏本纪》写道："（禹）而后举益，任之政。十年，帝禹东巡狩，至于会稽而崩。以天下授益。三年之丧毕，益让帝禹之子启，而辟居箕山之阳。禹子启贤，天下属意焉。及禹崩，虽授益，益之佐禹日浅，天下未洽。故诸侯皆去益而朝启，曰：'吾君帝禹之子也。'于是启遂即天子之位，是为夏后帝启。夏后帝启，禹之子，其母涂山氏之女也。"

除个别词句有所改动外，与《孟子》所述基本一致。

古本《竹书纪年》记益干启位，启杀之。与《孟子》的禅让说不同，是讲伯益篡夺了启的君位，所以启把伯益杀了。此外，古本《竹书纪年》中记载有"伊尹放太甲""文丁杀季历""共伯和干王位"等历史，与其他史书记载多有不同，都是讲乱臣贼子的故事，是否符合史实还难下定论。

现在上博简《容成氏》的发表又为禹传位问题提供了一条新证据。第三十三、三十四篇的简文云："禹有子五人，不以其子为后，见皋陶之贤也，而欲以为后。皋陶乃五让以天下之贤者，遂称疾不出而死。禹于是乎让益，启于是乎攻益自取。"古本《竹书纪年》是讲禹死传子，启继位，益觊觎君位，起来闹事，被启杀害。《容成氏》记述的是禹有五子，但并

第七章　探本溯源——古老的华夏制度文明

未将王位传于子,而是继续实行禅让制,先选了皋陶,因皋陶"称疾不出而死",又选了益,益即将上任,但启夺取了王位,从此中国历史开始了世袭制。

战国以后的文献记载与《容成氏》所述内容相似的还有《韩非子·外储说右下》,其云:"古者禹死,将传天下于益,启之人因相与攻益而立启。"《楚辞·天问》云:"启代益作后。"《史记·燕召公世家》云:"禹荐益,已而以启人为吏,及老,而以启人为不足任乎天下,传之于益,已而启与交党攻益,夺之。天下谓禹名传天下于益,已而实令启自取之。"此段与《战国策·燕策一》的内容除字句略有不同外,阐述事件基本一致。

我们列举了以上各种说法,究竟哪一种符合史实,目前还难以判断,但禹传于启的史实是不变的。不过上博简作为写于战国中后期而尘封在地下2000多年的文献,与战国时代传世文献的相关内容如出一辙,令人吃惊。至少我们可以认为"启攻益而自取"有一定的历史依据,而启此举的原因与禹欲禅让于益的举措有关。从禅让制到世袭制有一个从不适应到适应的过程,其间发生了流血冲突是可以想见的。制度的变迁反映时代前进

大禹雕像

的步伐，孟子把这种变化说成天意，世袭制的确立为"家天下"的国家机器的长期运作奠定了基石，而"启攻益自取"则在中国历史上开了世袭制的先河。

儒家文献把禅让制转变为世袭制看成是从大同社会过渡到小康社会的主要标志。大家熟知的《礼记·礼运》中记载："大道之行也，天下为公，选贤与能，讲信修睦。故人不独亲其亲，不独子其子，使老有所终，壮有所用，幼有所长，矜、寡、孤、独废疾者皆有所养，男有分，女有归。货恶其弃于地也，不必藏于己；力恶其不出于身也，不必为己。是故谋闭而不兴，盗窃乱贼而不作，故外户而不闭，是谓大同。今大道既隐，天下为家，各亲其亲，各子其子，货力为己，大人世及以为礼，城郭沟池以为固，礼义以为纪，以正君臣，以笃父子，以睦兄弟，以和夫妇，以设制度，以立田里，以贤勇知，以功为己。故谋用是作，而兵由此起。禹、汤、文、武、成王、周公，由此其选也。此六君子者，未有不谨于礼者也。以著其义，以考其信，著有过，刑仁讲让，示民有常。如有不由此者，在执者去，众以为殃。是谓小康。"

这里不去分析儒家大同社会和小康社会的具体内容，但是从中确实可以得知当时的思想精英已敏锐地洞察出远古社会和当时社会在政治制度层面上的本质差别，即前者是"选贤与能，讲信修睦"的禅让社会，而后者则是"大人世及以为礼"（父死子嗣、兄终弟及）的世袭社会。用今人的眼光来看，就是由氏族社会过渡到以礼法治国的文明社会。

第七章 探本溯源——古老的华夏制度文明

**禅让制与世袭制**

古代部落联盟推选领袖的制度，史称"禅让"。世袭制取代禅让制，标志着部落分散统治的结束和奴隶制国家的诞生。后来世袭社会的禅让制是政权更迭的一种方式，指在位君主生前便将统治权让给他人。这种禅让形式上是在位君主自愿进行的，是为了让更贤能的人统治国家。通常来说，将权力让给异姓，导致朝代更替，被称为"外禅"；而让给自己的同姓血亲，则被称为"内禅"，让位者通常称"太上皇"，这种方式不会导致朝代更替。

# 井田制文明，从鼎盛到衰败

井田制是中国古代社会的土地国有制度，一般认为其出现于商朝，在西周前期达到鼎盛，此后便渐露衰败迹象，表现为出现土地交换和转让的现象，以及发生了周宣王"不籍千亩"和"料民于太原"等事件。

1. 土地交换、转让现象

在井田制下，土地归国家所有，是不能随便买卖、转让的，即所谓"田里不粥（鬻）"（《礼记·王制》）。可是这种状况从西周中后期开始有了变化。这种变化被记录在当时的一些铜器铭文上，如：

裘卫盉，西周中期时器。铭文内容大意为裘卫以瑾璋（玉器）、赤琥（红色玉虎形器）等物从矩伯那里换得田地，并得到官方确认。

五祀卫鼎，西周中期时器。铭文记录了一场邦君厉和裘卫之间因土地赔偿而引起的违约案件。

曶鼎，西周中期时器。铭文记录了作器者曶派家臣代表自己到井叔处控告效父和家臣限，以及匡和其家臣抢夺曶的禾的事。

格伯簋，西周晚期时器。铭文记录了格伯用良马和倗生换田的事。

散氏盘，西周晚期时器。铭文记录了矢人攻打散邑，造成散邑损失，因此割地以赔偿的事。

有的学者认为，上述金文材料证明西周中晚期"土地是能够交换买卖的"。还有学者认为，在整个井田制兴盛时期，土地是不能买卖的，也就是说，土地只能分配使用，不能据为己有。《礼记·王制》中所说的"古者，田里不鬻"是一桩铁证。但有人从西周封建古史分期的观点出发，企图使用青铜器铭文中零星的字句来证明西周时已经有了土地买卖。有的学者则认为，卫盉、卫鼎中的"贮田"只是属于田地交换，是占有权的转移，所以要报告执政者来处理，执政者派官员勘界、付田，说明土地国有性质并未改变，更换田地后的土地所有者也仅有占有权。土地交换是土地由公有制转变到私有制的一个重要环节。他们认为，西周金文中的土地转让应被看成或被称作是周王对土地的改封。周王将土地分封给大小奴隶主贵族，这是分封。土地从某些贵族手中转移到其他贵族手中，且需要得到周王批准，履行法定手续，被称为改封。还有学者认为，西周时期土地在一定条件下的转移和交换，正是领主制封建等级土地所有制本身的重要内容，是叠合着的等级土地关系得以正常运转、减少矛盾的润滑剂。土地交换不仅不是西周初年建立起来的等级土地所有制瓦解的前兆，相反，是等级土地所有制自我调节、自我完善的重要机制。

由此可知，诸家在对西周中后期出现的土地交换、转让现象的认识上，尚存在不同的看法。

### 2. 关于"不籍千亩"

《国语·周语上》："宣王即位，不籍千亩。"韦注："籍，借也。借民力以为之。天子籍田千亩，诸侯百亩。自厉王之流，籍田礼废，宣王即位，不复遵古也。"有关宣王改革的内容，史书所载有两点，其一就是"不籍千亩"，即取消"籍亩制"。之后他清查人口数量，以人口数量征收税赋。

### 3. 关于"料民于太原"

《国语·周语上》记载："宣王既丧南国之师，乃料民于太原。仲山父谏曰：'民不可料也。夫古者不料民而知其少多，司民协孤终，司商协民姓，司徒协旅，司寇协奸……是则少多死生出入往来者皆可知也……不谓其少而大料之，是示少而恶事也。'"韦注："料，数也。"这段话是说，宣王对外打了大败仗，为补充兵员，于是在太原这个地方清点户口。仲山父所说"古者不料民而知其少多"的观点是对的，但他却不懂得古者之所以能够不料民而知其少多，关键并不在于平时司民、司商、司徒、司寇等官员的监管，而是在于人民在村社组织下"死徙无出乡"的社会约束。西周末年，由于生产力的发展及战乱等原因，井田制村社组织的约束

力渐呈衰败迹象,百姓流徙逃散的情况渐多,旧的户籍已名不符实,周宣王也就只好不顾"示少"的脸面来"料民"了。

凡此种种皆表明由来已久的井田制村社组织在经历了西周前期的鼎盛后,到了西周中晚期已渐呈颓势。但从总体上看,当时的村社组织仍有一定的生命力,距全面崩溃瓦解尚有一段时日。

# 夏商周的律法制度

随着夏朝的建立,我国开始进入阶级社会,作为主要国家机器之一的法律也逐渐形成。虽然夏朝之前也有习惯法和司法官,但真正形成法律制度当从夏朝开始。继夏而起的商朝经过5个世纪的统治,被西周王朝所取代。夏、商和西周时期的法律制度是中国奴隶制的法律制度,也是中国法律制度的开端。

夏朝法律被称为"禹刑"。刑在中国古代与法相通,是法的代名词之一。禹刑的具体内容已无从考证,根据文献记载大概包括以下内容:

罪名。据《左传·昭公十四年》记载:"《夏书》曰:'昏、墨、贼、杀。'皋陶之刑也。"意思是说犯强盗罪、贪污罪和杀人罪,都要被处死,这是皋陶时期的法律。由此可见,夏朝时或已有了上述罪名。皋

第七章 探本溯源——古老的华夏制度文明

陶，是舜、禹时的司法官，被看作是中国古代法律的创始人。

刑名。有大辟、劓、宫辟、膑（刖、剕）辟、墨等刑条。大辟是杀头；劓是割鼻子；宫是毁坏生殖器官；膑是凿去膝盖骨（刖是断足）；墨是割破面部，在伤口涂上墨，令其变色，伤愈后留下深色伤疤。

随着统治经验的积累，夏朝形成了一些初步的刑罚适用原则，如"与其杀不辜，宁失不经"。这句话的意思是指宁可不按常法办事，也不能错杀无罪的人。"罚弗及嗣……宥过无大，刑故无小……罪疑惟轻。"所谓"罚弗及嗣"是指施用刑罚非特殊情况一般仅限于本人，不株连子孙；"宥过无大"指过失犯罪虽然后果较为严重，但可从宽处理；"刑故无小"指故意犯罪即使造成的后果很小，也要从严；"罪疑惟轻"指犯罪情节有可疑之处的，处罚要从轻。

商朝是奴隶制社会的发展时期。商代的法律制度在夏代禹刑的基础上有了进一步发展。"商有乱政，而作汤刑。"汤刑是商代的主要法律，也是商代法律的总称。以汤为名，与禹刑以禹为名一样，也是为了表示对商代开国君王成汤的崇敬和怀念。

商朝基本沿用夏朝的刑名，即有大辟、劓、宫辟、膑（刖、剕）辟、墨等刑条。但到商朝末期，商纣王暴虐无道，增加了一些残酷的刑罚，如"族诛"，即一人犯罪，其父母妻子儿女及其他亲属都要受到株连；"醢"，即将人剁成肉泥；"剖心"，即剖开胸膛取出心脏。纣的叔父比干因进言劝谏惹怒了纣，纣便命人将其心挖了出来。"炮烙之法"，即在烧热的铜柱上泼油，让受刑人在上面行走。纣的残暴无道是商朝灭亡的主要原因之一。

商朝设置了专门处罚官吏行为不端的官刑，规定了"三风十愆"的罪名，如无节制地享受歌舞、贪财好色、不听忠言、亲近小人等，都属于"三风十愆"。如果官员触犯，就取消他的特权地位。如果君王有这些行为，大臣不去匡正也要受到惩罚。

周原是商朝的属国。公元前11世纪，商王朝内部发生动乱，周武王乘机率兵推翻了商朝，建都镐京（今陕西西安附近），史称"西周"。西周是中国奴隶制发展的全盛时期，也是奴隶制法律发展的高峰。它的许多法律规定和法律原则都深深影响了后世。

周初的主要法律有九刑和吕刑。此外，周王发布的诰（关于施政的指示和命令）、誓（军令）和命（命令）因具有最高的法律效力，也是法律的重要形式。比如周武王讨伐纣时，在孟津渡河、牧野作战时都发誓宣布纣的暴逆无道，并列其罪状。这些罪状就成了罪名。

西周的罪名主要有侵犯王权罪，暴乱罪，违反宗法伦理关系的不孝罪、不悌罪、不敬祖宗罪，杀人罪，杀人劫财罪，盗窃罪，诱拐奴隶罪，以及聚众饮酒罪等。

西周的刑名主要就是九刑中的九种刑罚手段，即在墨、劓、刖、宫、大辟之外加上流、赎、鞭、朴等刑罚。流即流放，赎是用财务赎罪，鞭是鞭打，朴是打板子。前几种刑罚叫"正刑"。此外，吕刑对赎刑制度作了更具体的规定：五刑之中有疑问者，均可以赎罪。赎刑制度建立的直接目的是为统治者收敛财富，但客观上也给中国古代刑罚制度增加了新的内容。

周初，以周公为首的统治者实行礼治，提出了"明德慎罚"的思想。明德就是发扬德行，崇尚德教；慎罚的意思是用刑要谨慎宽缓，不能滥用，不能无端加重。在这种法律思想的指导下，西周形成了"世轻世重"的断罪量刑的原则，即根据各个地区的具体情况和社会的稳定程度采取轻重不同的刑罚。比如，治理刚刚建立的国家，处罚要从轻；治理稳定发展的国家，要采用一般的法律；治理乱国，则要用重法。

## 西周的婚姻制度

西周的婚姻制度继承了夏商时的一夫一妻制，但在奴隶主贵族中盛行一夫一妻多妾制。西周时，婚姻要符合礼制的规定才会被社会承认。首先要有"父母之命，媒妁之言"。其次要按聘娶礼制，遵守"六礼"的习俗。"六礼"包括纳采、问名、纳吉、纳币、请期、亲迎等结婚程序。纳采，是男方家请媒人到女方家提亲，女方家答应议婚后，男方家备礼前去求婚。问名，是男方家请媒人到女方家问女方的名字和生辰八字，然后由父母到宗庙去求神问卜。纳吉，是男方家卜得良辰吉日之后，准备礼品通知女方家，正式缔结婚姻。纳币，又称"纳征"，是男方将聘礼或聘金送给女方家，所谓"非受币不交不亲""无币不相见"，交了钱财才能成亲。请期是男方家选好吉日定为婚期，备礼告知女家，求其同意成婚。亲迎是新郎亲自到女方家迎娶新娘。

# 西周的宗法制与分封制

夏、商、西周三代的君主，融神权、宗法权于王制之中，构筑起以君主为首的王权专制和以分封为主的国家政体。君主垄断着传达天意的大权，以王权天授的认知体系统治臣民。

"丕显文王，受天有大命"（《大盂鼎》铭文），所以王又称"天子""天王"，又可自称为"予一人"。此时，为王者一方面利用自己的地位和权力不断摆脱"天"这一超人的意志的约束，另一方面又要把这种约束牢牢地笼罩在其臣民的头上。因而神权更多的是充当王权的装饰角色，使王权多一层迷惑臣民的神秘色彩。此外，王权还体现在与宗法制的紧密结合上。

宗法制是以血缘关系为纽带而形成的一种权力。有着共同血缘关系的人因尊崇共同的先祖，被视为同宗。在宗族内部，为维系亲属间的关系，须区分尊卑长幼，并规定承继秩序以及不同地位的宗族成员的不同权利和义务。在原始氏族社会，尊重和服从先祖或长辈是天然的习俗，同时也是宗法制出现的基础。氏族首领转而成为国家的主宰时，必然将先前对宗族

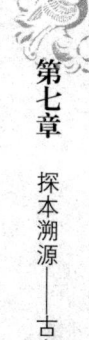

第七章　探本溯源——古老的华夏制度文明

的控制方式带到对国家的掌握之中来。国以家（宗族）为本，家是国的基本组成单位，国也就必定成为扩展开来的家（家族）。"家天下"，非常准确地概括出王权的基本特征。与其说夏、商、西周三代是神权、宗法制与王权紧密结合的政治体制，不如说是宗法制与王权紧密结合的政治体制，更能反映历史的本质。

夏、商、西周三代的王权，可以用早期文献中的两句话概括，即"溥天之下，莫非王土；率土之滨，莫非王臣"（《诗经·小雅·北山》）和"礼乐征伐，自天子出"（《论语·季氏》）。前一句说的是君主对土地和臣民的占有权，后一句说的是君主掌握着重大国事的决策权。征伐自天子出，就是说天子掌握兵权。礼乐自天子出，是指天子掌握祭祀上天和先祖的主祭权。当时祭祀上天和先祖被视为国家的头等大事，它既象征君主的崇高地位，又表示其在宗族内的权威。

至于宗法制，夏朝君主其宗族出自禹，上溯到黄帝。禹为姒姓，其后世有夏后氏、有扈氏、有男氏、斟寻氏、彤城氏、褒氏、费氏、杞氏、缯氏、辛氏、冥氏、斟戈（一作斟灌）氏等分支。王位在夏后氏王族内世袭，其他支族则被分封于各地，以国为姓，成为夏王朝的侯、伯。到了商朝，商王即王族族长，为天下大宗。甲骨文中还有子族、多子族等名称，其族长称"子"。商王以大宗的身份和地位控制各"子"，通过他们掌握各宗族势力。无论是商王还是各"子"，都是世袭。世袭在当时有"父死子继"和"兄终弟及"两种形式。父传子叫作"世"，兄传弟称为"及"。不过，商王祭祖重直系而轻旁系，显示出嫡庶之分的观念。西周初期发展并完善了商朝以来的宗法制度。周天子与同姓诸侯，实际上是姬姓宗族的放大。周天子是政治上的共主，又是宗族内的大宗。王位由嫡长子承袭已成为定制，其大宗的地位世代不变。嫡长子的兄弟分封为诸侯，对周天子而言是小宗，但在其诸侯国内则为大宗，其位亦由嫡长子接替。嫡长子的兄弟受封为卿大夫，对诸侯而言是小宗，在其本宗各支内又为大宗。这种宗法制度不仅建立在同姓诸侯间，也推广到异姓诸侯和其他贵族之中。以血缘关系的亲疏程度为纽带，一层一层地将整个统治集团牢牢地编织在一起，形成周天子对全社会的强大控制力，这正是先秦时代王权的本质特征。西周嫡长子继承制是确保王权稳定交接的关键所在。

与宗法制互为表里的是分封制，即周天子通过把子弟、同姓和亲属分封到各地来体现其宗法制。相传武王、周公、成王先后封71国。周王的子弟、同姓及异姓诸侯就封以后，又在封国之内以宗法等级为基础，于本宗族内进行权力再分配。

进入春秋战国时期，与宗法制紧密结合的王权受到冲击。先是大国争霸，周天子大权旁落，进而是卿大夫执国政，诸侯国内乱不已。最后，天子、诸侯、卿大夫宝塔式的政治结构和大宗、小宗交错编织成的宗族关系网被打破。于是，建立在宗法制、等级制、世袭制等基础上的王权也随之不复存在了。

## 夏、商两代的官制

夏、商两代,史料极为缺乏,我们只能根据古代文献和甲骨文、金文中的零星记载作简单的了解。夏代君主沿袭氏族首领的称号称"后",古书里多写作"夏后"或"夏后氏";后来又称"王",王是从氏族社会末期的军事首领演变来的,含有独尊和强制服从的意思。在《史记·夏本纪》中称夏代的国君为"帝",是受了三皇五帝传说的影响。商代沿称"王",对先王有时仍称"后"。商王常自称"予一人"。世袭制经过流血斗争慢慢得到巩固。从前文可知,世袭有传子与传弟两种。传子叫"世",传弟叫"及"。《礼记·礼位》里说的"大人世及以为礼"就是这种制度的反映。商后期,嫡子继承王位的制度逐渐确立,预定继承王位的人称"小王"。

神权的体现者被称为"巫史"。巫在氏族社会就有了,是一种掌管祭神的职务。国家产生以后,作为王权在观念形态上的反映,出现了至高无上的神——上天。王是代表上天的意志在人间进行统治的。上天的意志怎样显示呢?这就需要巫用卜筮的方法得知。巫成了上天的使者,因而又被称为"史"。巫史是当时国家机构中相对有权威的官职，甲骨文中一般称其为"史""大史"，文献中写作"卿史"或"卿士"。国家的各种政务，几乎都要由他们占卜来决定。他们是当时重要的政务官，而且往往由两三个人共同担任，巫史的职务主要是占卜、祭祀，但又兼掌历法，保管典册，审理诉讼，奉命出使，教育王孙，甚至担任王的师傅，所以文献或甲骨文中提到的羲和（掌历法）、作册（掌记事）、守藏史（保管档案）、大理（掌理诉讼）、遒人（掌出使）、官师（掌教育）、师（王的老师）、保衡或阿衡（保护、辅导幼王）等，都是由巫史担任的。巫史的职位一般是世袭的。

除了巫史，王族的成员也很重要。王族成员包括王的妻妾、子女、伯叔等。同时，王的外戚和女婿也有重要的地位。这些王族的成员，常受王命去指挥作战、管理籍田等，如甲骨文中常见的"亚"就是指王的卫队长。根据《尔雅》中"两婿相谓曰亚"的说法，亚很可能就是由王婿担任。商后期，纣王的伯父、叔父有担任父师（即太师）、少师的。巫史和王族这两部分人都是世代相袭的贵族。此外，王还有一些为其生活服务的家臣，称为臣、尹、宰、庖正等。这些人的身份大都是奴隶，地位是很卑贱的。但这些人由于得到君主的宠信，也常常被君主派遣来处理某些政事，如管理籍田、传达王命、出使他国等。国君的家事与国事经常混杂在一起，为君主个人和家室服务的人，从一开始就都属于国家官吏的组成部分。

夏、商时期的国家是建立在血缘关系和军事征服基础上的不太稳定的政体。臣服于王的方国（或部落），首领仍由其本族人担任，被称为"侯"或"伯"，因而有相对的独立性。一些被征服的方国（或部落）顺叛无常，在臣服的时候是夏、商的官员。

夏、商的官吏，依靠各地的贡献和籍田的收入来供养。巫史、王族、方国首领的地位是比较固定的，只有家臣是君主可以随意挑选的。

## 最早出现的财物摊派

据史家分析，中国在黄帝时期已出现国家雏形。据《通典》记载："昔黄帝方制天下，立为万国。"《易》中记载："首出庶物，万国咸宁。"所谓"立为万国"，指组成强大的部落联盟。自颛顼至帝喾，都说"统领万国"；至于禹，"涂山之会，亦云万国"。数百年间相互兼并，联盟圈子越来越大，势力越来越强。"天下有不顺者，黄帝从而征之，平者去之，披山通道，未尝宁居。东至于海，登丸山，及岱宗。西至于空桐，登鸡头。南至于江，登熊、湘……迁徙往来无常处……"为此，建都城、置百官、封泰山，以告成功。就是说，当禅让制被权势者破坏之后，氏族公仆成了氏族的主宰，为部落成员服务的公共事务机构也逐渐演变为统治（压迫）氏族成员的专政工具，这时氏族成员之间的经济（财物）分配也开始发生了变化。

多数学者认为，在国家出现以前是没有赋税征收制度的。据《抱朴子·诘鲍》记载，当时"身无在公之役，家无输调之费。安土乐业，顺天分地"。这说的应该是父系氏族社会初期的情况。到了父系氏族社会后期，随着社会生产发展速度加快，部落联盟的出现和部落间战争的频发以及公共事务的增加，为氏族的生产、生活和安全服务的专职人员逐渐脱离生产劳动。他们为承办公共事务而造成的劳动损失，必然要从氏族成员的剩余产品中获得补偿。恩格斯曾以欧洲为例论证此事。他认为在野蛮时代的高级阶段，到处都有氏族首长议事会，"正像在易洛魁人那里一样，氏族首长已经部分地靠部落成员的献礼如家畜、谷物等来生活"。

据史籍记载，财物的征收最早发生在部落方国之间，"轩辕之时，神农氏世衰……于是轩辕乃习用干戈，以征不享，诸侯咸来宾从"。《史记索隐》中有"谓用干戈以征诸侯之不朝享者"之语。据《宋书·符瑞志》记载，黄帝时南夷乘白鹿来献鬯（祭祖用酒）。《瑞应图》中则有"献'褐裘'"一说。史书记载帝尧时，南夷越裳氏来朝献大龟。同一事，《述异记》所载为陶唐之世，越裳国献千岁神龟，方三尺余，背上有蝌蚪书，记开辟以来，帝命录之，谓之龟算。

上述献酒、献衣、献龟虽杂有神话传说，但贡献之事，恐并非虚构。这也从侧面说明，黄帝（轩辕氏）继神农之后成了部落联盟的首领，吸引（迫使）远方部落来贡献。也可由此推定，"贡"可能于黄帝时已存在，在舜、禹时期得到了较快发展。

对本氏族成员的生产成果，部落首领也有参与分配的权力。据《路史》所说："神农之时，民为赋，二十而一。"如果把这条内容理解为在神农后期，生产力已有较大发展，这时让氏族成员每家拿出少量谷物以供氏族领导集

神农雕像

团之用（包括公务），应是情理之中的事。

司马迁通过《史记·五帝本纪》《史记·夏本纪》传达了这样一个结论："自虞夏时，贡赋备矣。"贡赋制度为虞舜确立，是在舜命禹治水成功之后。《尚书·禹贡》记载："禹别九州，随山浚川，任土作贡。"又记载洪水平定之后，农民安居下来，农业生产得以正常进行，"四海会同，六府孔修，庶土交正，厎慎财赋，咸则三壤成赋中邦"。可见当时按各地土壤的情况分上、中、下三等征税。当时所定田赋征收总的原则是因地制宜，任其土地所有以贡。具体到田土等级的确定，其原则是按土质肥瘠分高低、按地势高低分上下。对田赋等级的确定，除了土质好坏和地势高低等因素外，还要按人工的投入和收获的多少来定。如荆州之田，田质不太好，属于下等田（为九级中第八级），而田赋却规定为上等三级，这是因为农民勤劳耕作，投入多（人功修成）导致产量高，所以征收也多；相反，如雍州之田，田虽为上等，而田赋定为中下等（为九级中第六级），解释称作此评定是因人功少，可能还有别的原因，史书未载，不得而知。但总的税量据记载是"什一而税"。

舜之"分田定税"，要求以土地出产向部落联盟首领交定量的贡赋，开了后世土地税之先河。

夏朝的建立标志着中国第一个奴隶制国家的产生，也意味着赋税力役制度正式出现。一般认为，中国奴隶制的政体是宗法分封制，在西周时臻于完备。宗法分封制"授土授民"，建立以井田制为主的土地占有关系，并采取"公食贡、大夫食邑、士食田"的方式占有社会产品。

# 夏、商、西周的赋役制度

夏、商、西周是奴隶社会,王有着不可侵犯的权力。贡赋是纳税者不可支配的,也不可用其他物品代替,贡赋多用于王族自用、封赏和祭祀。

1. 贡纳制

从世界历史来看,贡纳关系出现于原始社会末期,中国的贡纳关系也不例外,到夏朝建立后更为普及。《尚书·禹贡》列举了九州贡纳的具体物品,这些贡品的确定遵循着"任土作贡"的原则,即据诸州土产而纳贡。夏之贡纳,从财政上看,是为了满足夏王朝的某些特殊需要;从政治上看,是臣服关系的物化象征。"任土作贡"虽不一定是始自夏朝的"先王之制",却是后世王朝推行土贡遵循的圭臬。

商朝的贡纳制度有外服与内服之别。作为外服的侯、甸、男、卫、邦伯,是以商朝为核心的诸方国或部落的首领。他们向商朝贡献牲畜,但没有一定数量,也没有一定期限,可能只是一种表示友善的象征性贡纳。作为内服的百僚、庶尹、惟亚、惟服、宗工,主要是在朝中任职的部落首

领。他们须向商朝贡献大量牲畜，成为商朝频繁对外战争所需畜力以及经常祭祀所需牺牲的主要来源。无论是外服势力还是内服势力，对于商朝的贡献主要是以族为单位进行的。

西周的贡纳逐渐形成等级制度，一方面按公、侯、伯、子、男加以区分，级别高的，贡纳相对重些；另一方面按服区远近排列，距离越远，贡纳时间间隔越长，贡纳次数越少。西周的贡品既有财物，也有人身。

2. 田税制度

直至今日，学者一般认为"井田制"是通行于三代的主要土地制度。对于田税的征课形式，《孟子·滕文公上》说："夏后氏五十而贡，殷人七十而助，周人百亩而彻，其实皆什一也。彻者，彻也；助者，藉也……贡者，校数岁之中以为常……惟助为有公田。由此观之，虽周亦助也。"

据孟子的解释，夏朝的贡法是以一户五十亩为单位课征定额实物税，数量为平均年产量的1/10，但此说不可信。田税课征对象是生产者的剩余劳动产品，采取何种途径提供这种产品，则受生产力状况的制约。夏朝的农业生产工具粗笨简陋，劳动效率低下，农业生产者只能采取原始的集体耕作方式，不可能以一家一户为单位从事个体生产。就此而论，夏朝的田税课征形式应类似于商朝的助法。

在今人看来，助法是劳役税，劳动者被集中在公田上进行集体劳动，公田收入就是其剩余劳动的物化表现。迄今考古发现的商朝农具，以石器最多，蚌器、骨器次之，青铜器最少，在构成上仍类似于以木、石器为主的夏朝。因此，商朝农业仍只能以集体耕作的形式为主，孟子所言"助者，藉也"，应是借民力以治公田的意思。

孟子既称"周人百亩而彻"，又说"虽周亦助"，表明彻法与助法既有相似之处，又有差别。一些学者主张把"彻"字的含义与划分田地联系起来理解，但问题是何时彻田，若耕作之始即区分公田与私田，则与助法完全相同，不符合孟子原意。清人崔述认为，彻法的特点在于无公田、私田之分，至收获之际，才彻取收获物的1/10作为税物，但这也不符合孟子的原意。后来，有人主张把"彻"字训为"通"，阐发为"通公私"之义，即打破公田与私田的固定界限，先由生产者在耕作季节统一经营，至收获之际才把一部分田地划为当年的公田，其收获物便成为税物。此说既肯定"彻"与"助"均为力役形态，又指出二者在时间与空间上的区别，比较符合孟子原意。

许多学者指出，不宜仅据孟子之说就认为夏、商、西周分别采取贡、助、彻的单一税制。也有学者认为，西周对居住于野（郊外）的劳动者实行助法，对居住于国（城内）的周族公社农民采取彻法。

3. 力役制度

夏朝的力役制度无可考证。商朝的力役征调涵盖了外服与内服。当商朝兴兵征伐之际，外服势力必须出兵助战，这体现的主要是商朝和外服势力之间的联盟关系。外服势力也向商朝提供一定的劳力，用于开矿和田猎放牧。建筑城邑和宫室、建造舟车、往来运输、省视仓廪、押送战俘等力役，没有一定的期限和数量，具有很大的随意性。内服势力则是商朝征调力役的主要来源。内服部族的族人是商朝对外征伐的主要力量，商朝对族人采取命令征发的形式。

西周征调力役称为"赋"。《周礼·地官·乡大夫》记载："国中自七尺以及六十，野自六尺以及六十有五"，皆在征调之列，唯老、疾、贵、贤、能、服公事者得免。实际上这很难做到，因为当时人的平均寿命没有那么长。"六乡"征兵时，耕种上地者，家出一人为正卒，二人为羡卒；耕种中地者，二家出二人为正卒，三人为羡卒；耕种下地者，家出一人为正卒,一人为羡卒。正卒为正式兵役,羡卒担任田猎和地方治安工作。

# 三代的国家收入

从财政的角度看,夏、商、西周三代的国家收入可分为国有资源收入(包括手工业产品收入和山林池泽收入)、关市税和山泽税(山泽之赋)。

1. 国有资源收入

从夏代开始,手工业已发展起来,至商朝已分成近30个工种,西周的手工业门类更多,分工更细。这些手工业多由官府经营,即实行"工商食官"制度。同时,官府又有很多养殖场、食品加工场(作坊),提供了各种祭品、食品。

据《周礼·天官·大宰》记载,大宰"以九职任万民……二曰园圃,毓草木。三曰虞衡,作山泽之材。四曰薮牧,养蕃鸟兽。五曰百工,饬化八材。六曰商贾,阜通货贿。七曰嫔妇,化治丝枲。八曰臣妾,聚敛疏材……"国家还设甸师、兽人、渔人、鳖人、盐人、酒正、典枲、染人等专职机构和官营手工制作（生产）场所。

官营手工作坊和牛人、牧人等生产场所，其收入在三代时期虽不征税，但对其业绩（生产任务完成情况和质量的好坏）是要进行考核的。年终时，冢宰按规定"令百官府各正其治，受其会，听其致事，而诏王废置"。对制作部门的生产数和出库数都要登记入账，如"酒正之出，日入其成，月入其要……岁终，则会"。就此而言，这些都应列作国家收入。

2. 关市税

根据夏、商、西周"工商食官"的经济体制，官府的公务所需大多是取自各官营手工作坊，或由官商到该物生产地贩运，沿途也无须缴税；百姓所需有限，多为自产自用，不经过市场。当时的市场作用有限，所以齐宣王问政时，孟子举文王治岐的例子说："关市讥而不征，泽梁无禁。"（《孟子·梁惠王下》）在答公孙丑问时，又说："市，廛而不征。"《礼记·王制》中也说"关讥而不征"。所谓"关讥而不征"，就是说经过关津进入市场交易的产品（包括山林出产之物或手工加工产品），只在经过关口或渡口时受到官府检查，看是否夹带违禁品，对正常交易物品并不征税。其中原因，据孟子所说是"古之为市也，以其所有易其所无者，有司者治之耳"。那么，为什么后来又征税了呢？据孟子说是"有贱丈夫焉，必求龙断而登之，以左右望而罔市利。人皆以为贱，故从而征之。征商，自此贱丈夫始矣"，即对商人图厚利的一种制约或者说惩罚。但从中还可分析出其他两种原因：一是这时商品（产品）交换活动规模比较大，在平地（市场）一眼看不清情况，要站到山包上才能看清商品的流动变化，同时说明社会生产的产品数量较多，可拿到市场进行交换；二是既然商人可以通过商品交换而谋取利益，那么国家也可以进行征税，以调剂利益分配，防止商人独占。可见到西周中期以后，由于经济发展，出于安全、管理和财政的多种需要，在设关（门）、设市的地方，开始对出入关门的货物或在市场上销售的商品征税。

按《周礼》记述，西周设"司关"和"司门"两职，各司其职。

"司关，掌国货之节，以联门市。司货贿之出入者，掌其治禁与其征廛。凡货不出于关者，举其货，罚其人。凡所达货贿者，则以节传出之。国凶札，则无关门之征，犹几。"司关的职责，一是对进入关门的外来客商，要检查其官方文书（玺节），将文书上所载货物名称、数量通知国门，由国门通知司市，使其知进入市场的货物；由本地运出关门的货物，则要根据司市开列文书所载货物的名称、种类、数量进行核对，无误后才能放行。二是检查货物的合法性，对一般物品按规定收税，对违禁品予以罚没，不仅没收其货物，还要对其罚款，如发生特大灾害则关门不征税，但仍需检查有无犯禁之事。

司门的职责之一是"几出入不物者，正其货贿；凡财物犯禁者举之"，即检查出入国门的货物，并按规定征税。所谓"不物者"，是指衣服与众不同，不符合国家规定的形式，属于穿奇装异服之类的人；对犯禁的财物，则要按规定没收。古代等级制度比较严，什么身份的人穿什么式样、什么颜色的衣服都有规定；有些衣服、食品、用具是不准私自出售的，凡犯禁令必然被没收。

市税，按《周礼·地官·廛人》所记："廛人掌敛市絘布、緫布、质布、罚布、廛布，而入于泉府。"布，古注为泉，即货币。市税包括在市场开征的几种税。

絘布，即对有固定店铺的商人所征之税，属于营业税性质。

緫布，学者杜子春认为是"无肆立持者之税也"，即指无店铺、站在市场路边兜售者，廛人对其征收的税。

质布，是对交易契约征收规费，犹如后世的契税。

罚布，指对违犯市令者的罚款。

3. 山泽税

西周以前，山林薮泽均为公有，未有赋税。随着人口的增多和采集量的加大，人类生产所需难以保证，于是改官民共采为设官管理，定时禁放。特别是对那些生长期长的动植物，更是严加控制，不许滥捕、滥伐。随着制度的相继制定，对山林川泽等重要生产、生活资源场所，设山虞、林衡，掌山林的政令和治禁，设角人、羽人、兽人，掌鸟兽捕养之事；设渔人、鳖人，掌川泽水产之事，按时禁发，与民共采。周厉王时，曾专山泽之利，实行山林川泽国有化，结果导致国人暴动。到西周后期，由于管理和财政的需要，开始对山林池泽征税。这里要指出的是，西周王朝对山林池泽依然实行国有政策，对山林的开发、利用，主要还是由国家设机构任用专人负责，特别是对大宗珍稀动植物的捕捞、采集，仍由国家控制；百姓只能就近在砍伐、采捕量不大且不妨农时的情况下，进山砍伐、采捕，或下湖捕捞，所获之物可自用、自食，多余的可到市场上买卖，国家对此收税。此外，官府对山农、泽农也下达采捕任务，必须根据规定完成。山泽之赋，主要是对农民从事副业所得产品的征收。山泽产品的税率没有统一规定，载于史籍者，场收为二十税一，漆林之税为二十税五，体现了按价值高低征收的原则。

## 扩展阅读　夏启西征

夏代约起于公元前21世纪，止于公元前17世纪，开国之君为夏启，称"王"；末代君主为夏桀，其政权被商汤推翻。夏人的主要活动区域在今山西南部、河南中西部一带，主要城邑有阳城（今属河南登封）、安邑（今属山西夏县）、钧台（今属河南禹州）等。考古工作者在河南偃师发现的二里头文化遗址，是典型的夏文化遗存，其上限当为夏代建立之初，距今4000多年。这里出土了陶器和一些早期青铜器，其中有刀、锥、凿、铲等生产生活用具，标志着当时青铜冶炼技术的水平和生产力发展的水平。这些工具在开发水利和开辟道路的活动中都发挥了重要作用。

夏禹死后，他的儿子启继承夏禹之位为王，于公元前21世纪建立了第一个奴隶制政权——夏，开始了"家天下"的统治。夏启把舜禹时期军事民主制度下的部落联盟议事会议改组成奴隶主政权的机器，设立六卿和百吏分管全国军队和政事，这些官员仅听命于他。六卿负责组织国家武装力量，百吏中的牧正主管马牛的牧养驯育与使用，车正主管战车、运输车的制作、保管和使用。可以认为，车正和牧正便是我国早期主管交通的专职行政人员。据《墨子·耕柱》所说，夏启曾命令臣子飞廉等人"折金于山川，而陶铸于昆吾"，可见夏启曾组织人员开采铜矿，冶炼青铜，铸造礼器、兵器与生产生活用具。前述二里头文化遗址就证明了这一点。据说"九鼎"这一国家权力的象征就铸成于夏初。这样的生产力为夏人开通漫长的东西主干道提供了可能。

夏启即位以后，便以王的身份向各地发号施令，要求大家服从他的意志。偏偏有个在今关中地带的有扈氏不服，于是夏启打起了"恭行天之罚"的旗号，假借天神意志去攻伐有扈氏，大战于甘（一说在今陕西西安市鄠邑区）。大战之前，他誓师时宣布："左不攻于左，汝不恭命。右不攻于右，汝不恭命。御非其马之正，汝不恭命。"连用

夏启

三个"恭命"来强调军事纪律和王权。他严令所有将士各负其责，打好这场仗。古代车战，车上左边的战士专主射箭，车右的士卒专主击刺，车中的甲士专主御车。三方各有执事，各有技能，还要密切合作，才能投入战争。夏启动员甲士各守其位，各尽其责。这表明当时的驯马驾车技术已经达到一定水平，可以投入生死搏斗了。据《司马法》记载："夏后氏二十人而辇，殷十八人而辇，周十五人而辇。"在交通动力方面，夏人已经把人力、畜力都投入实战中。

这次大战，夏启调集部队，从今河南登封地区出发西上，沿洛水逆流而进，一直远征到今陕西西安，击败了有扈氏，取得了胜利。这次战争在交通史上的一项积极成果是开辟了一条从伊洛地区通往渭水之滨的交通线，这是中原地区与关中地区相互联结的早期纽带，具有历史意义。当

然，时至今日我们无法断定这条路线具体途经哪些地点，只能说出其大概走向。

夏代最后一位君主桀，定都于洛水之阳，其暴虐无道引起了百姓的憎恨。活跃在夏东部鲁豫一带的商在此时兴起了。商的首领汤委派近臣伊尹多次到夏桀手下"服务"，刺探夏桀的政治军事情况后，又多次返回商都亳（一说为今河南商丘）向商汤汇报。最后，在伊尹的辅佐下，商汤也打出"恭行天之罚"的旗号，讨伐夏桀，建立商朝，定都于亳，并把夏桀流放到南巢（今安徽巢湖市）。夏桀的都城在今河南洛阳，伊尹多次往返于洛阳和亳之间，以及后来商汤的灭夏进军路线都说明在今河南商丘至河南洛阳之间，有一条横向的交通干线。至此，西起关中、东至商丘的横向交通线便已初步形成。这是夏人的一大贡献。

夏人有当时很先进的天文历法制度，他们制订的夏历，即现在所称的农历，十分符合以农立国、四季分明的中国国情，夏历既可用来指导农业生产，也可用于商业活动，是商旅必备的知识。同时，夏人也已注意到道路的管理。据传，《夏令》中有"九月除道，十月成梁"的记载，是说每年9月就要修治路道，10月要建好桥梁堤坝，以利交通。这是天文知识与交通知识的结合，价值斐然。

经过夏代五六百年的经营，华夏文明覆盖了黄河中下游的大部分地区，尤其是中原大地，为中国后来经济文化的发展奠定了基础，也为华夏交通网勾画了大致的轮廓。

# 第八章 金声玉振——袅绕千年的三代乐舞

夏商周奴隶制社会时期，被剥削阶级的民间音乐被大力压制，而以剥削阶级为代表的宫廷乐舞成为这一时期娱乐文化的主体。比如，青铜乐器的出现、夏代宫廷乐舞《大夏》和商代宫廷乐舞《大濩》就是典型代表。

## 三代时期的乐舞

"六代乐舞"是西周时期的统治者在归纳、总结了从黄帝、尧舜时期到夏商周三代具有代表性的宫廷乐舞后，在其基础上形成的最高等级乐舞，分别为黄帝时期的《云门》、唐尧时期的《大咸》、虞舜时期的《大韶》、夏禹时期的《大夏》、商汤时期的《大濩》和武王时期的《大武》。这6部大型宫廷乐舞反映了我国早期宫廷音乐文化和发展过程。

《大夏》产生于阶级社会形成初期，相传它歌颂了夏代先王禹在治水方面的事迹和功德，是一部大型的音乐歌舞。由于历史原因，有关《大夏》的具体内容已无法考证，但是据诸多史书记载，《大夏》这部作品自夏代创始之初直至周朝在宫廷中都有十分重要的地位，用于许多官方场合下的表演。在表演《大夏》的过程中，场面十分庞大，它的舞队分为8队，每队有舞者8人，共计64人。每一位舞者都手持野禽的羽毛，伴奏的乐器有吹管乐器和打击乐器。作为早期的大型乐舞，我们可以间接地了解到《大夏》在表演艺术上已经较原始时期的歌舞有了很大的突破和发展，如在表演过程中出现道具（羽毛等）、舞者化装，歌与舞以及伴奏分体等。同时，《大夏》在内容上也不再仅仅是对现实生活的简单模仿，而是初步体现了将真实内容进行素材上的提炼和再创造。因此，可以说《大夏》是一部具有艺术性的早期作品。后来，《大夏》成为周朝的"六代乐舞"之一，并被用作祭祀山川的代表作品。

商代开国君主汤命伊尹创作了《大濩》，同时整理了《大韶》等前代乐舞，以纪其功。

《大濩》之"濩"通"护"，为成汤救护万民之意。关于《大濩》的由来，还有另一种说法。传说汤时天下大旱，汤为解除旱情，乘着白马素车，身着麻布粗衣和茅草，奔往氏族的祭地桑林，以自己的身体为祭品，向上天祈雨。天神终被汤的虔诚打动，油然作云，沛然下雨。秋收时，庄稼大熟，普天之下无不欢欣，"桑林之乐"由此诞生，取名"大濩"。因此《大濩》又有《桑林》这一异名。但也有学者认为，《桑林》和《大濩》恐并不是名称相异的同一个乐舞。

《左传》记载，鲁襄公十年（公元前563年），殷的后代宋平公在楚丘招待晋悼公时，让人给他表演《桑林》。舞师带领舞队举着有五彩鸟羽装饰的旌旗出场时，晋悼公竟吓得退回房子里去了。后来舞师去掉了旌旗，晋悼公才勉强看完表演，但回去后仍然因受惊而卧病。这似乎说明《桑林》是一种狂噪恐怖的原始祭祀舞蹈。

《桑林》举五彩鸟羽大旗，显然是图腾崇拜的遗风。传说商的始祖契是其母简狄吞食玄鸟卵而生，故玄鸟又被看作是商人的图腾。《桑林》举羽旗而舞，应是商图腾舞蹈的一种传统形式。如此则可以推测，《大濩》可能是在《桑林》的基础上变化发展而来的。

商人用《大濩》来祭祀其君主汤。到了周代，《大濩》的乐舞已经变得宽和温良。《韩诗外传》曰："汤作护（濩），闻其宫声使人温良而

宽大，闻其商声使人方廉而好义，闻其角声，使人恻隐而爱仁，闻其徵声使人乐养而好施，闻其羽声使人恭敬而好礼。"其音乐之所以如此，也许是周人意在乐舞中表现汤的美德。据《尚书》记载，汤的嫡长孙太甲即位后，伊尹训导他要以先祖为表率时曾说："呜呼！先王肇修人纪，从谏弗咈，先民时若。居上克明，为下克忠；与人不求备，检身若不及，以至于有万邦，兹惟艰哉！"

西周时期的统治者将这6部乐舞纳入"雅乐"之中，并用于郊庙祭祀，可以说，"六代乐舞"已经不仅仅是反映当时历史和社会的艺术作品，也是统治阶级专有的精神工具。"六代乐舞"后来也经常出现在宫廷宴饮和其他娱乐场合中，其形式也相应有了一些改进。春秋时期，《大韶》和《大武》已经成为独立的乐舞形式，对后来宫廷音乐的发展产生了很大的影响。

相对"六代乐舞"中的其他乐舞，周代的《大武》是其中最为优秀的一部乐舞。

《大武》以武王伐纣为题材，歌颂了武王开国建业的功勋。有关《大武》的表演内容和形式零星见于后世的《礼记·乐记》和《诗经》中。由记载可知，《大武》的演出过程庄严、壮观，作品分为6个部分，即集合出征、进行战斗、凯旋南归、平定南疆、周公辅政、歌颂天子。在艺术形式上，《大武》与其他宫廷乐舞相比也较为特别，主要体现为在相对完整的曲式结构和相对连贯的情节中使用了"乱"的手法，使得场面雄壮、热烈，对比性很强，因而这部作品在"六代乐舞"中占据十分重要的地位，一直流传到战国时期。就其内容而言，《大武》带有十分鲜明的阶级性，主要体现在《大武》突出地宣扬了统治者的威武神功，从维护统治者利益的角度出发，起到了威慑百姓的目的。

在奴隶制社会中，虽然统治阶级的压迫十分残酷，广大百姓的心声被压制，但是仍然可以在许多民间音乐中发现其对社会不公的影射。积极反映当时的民间音乐并将其保留下来的有《易经》这一著作。

《易经》约成书于商周之迹，《易经》当指《周易》本经，相传是周文王所作。虽然书的主要内容与占卜和卦术有关，但是透过这部书神秘的外表，我们仍可以发现其中还记载了大量反映殷商时期的社会政治、经济和文化等内容。在文化方面，《易经》中的记载十分丰富，主要体现在民间音乐中。这些乐曲有的反映劳动生产，有的反映民间婚姻风俗，还有的反映战争。

## 礼乐的政治作用

第八章 金声玉振——袤绕千年的三代乐舞

周人常讲"殷鉴"，即把殷商的灭亡当作一面镜子来警醒自己。殷商的末代统治者纣王"好酒淫乐，嬖于妇人"，他命乐师"作新淫声，北里之舞，靡靡之乐"，甚至"大冣乐戏于沙丘，以酒为池，县肉为林，使男女倮相逐其间，为长夜之饮"，荒淫无度，结果众怒民怨。牧野之役，商军"皆倒兵以战"，周兴而商灭，纣王也自焚而死。

周原是商的属国。周灭商之后，一方面以商为鉴，不再"先鬼而后礼，先罚而后赏，尊而不亲"，而是"尊礼而尚施，事鬼敬神而远之，近人而忠焉";另一方面也承袭了商朝礼乐刑政的大部分传统,并在此基础上发展为一整套细密严谨、对后世影响巨大的礼乐制度。

礼乐制度,实质上是奴隶社会中氏族宗法制度和等级制度的综合体。所谓宗法制度,就是用"大宗"和"小宗"的层层区别构成一座血缘宗族关系的"金字塔"。塔顶是自称为"天子"的周王,他是天下的大宗。其王位由嫡长子继承,世代保持大宗的地位。嫡长子的兄弟们则受封为诸侯或卿大夫,他们对周王而言是小宗,但在其封邑内是大宗,君位亦由嫡长子继承,以此类推。这种以"嫡"为"系"的办法,在其后2000多年的封建社会里始终被认为是"礼"的重要原则。

周朝的奴隶制大家族和国家政权是合二为一的。氏族宗法制和与其互为表里的等级制共同构成了当时的礼乐制度,对王、公、卿、大夫、士等各个阶层都详细且严格地规定了相应的礼仪。阶层中的每个人从出生到死亡,从日常生活到政治活动,都处在与其身份相应的礼乐制度之中,享受其应有的特权,不得僭越。例如,关于乐队的排列顺序和所用乐器的多少都有明确规定:天子的乐队可以排列在东西南北4个方向,诸侯可以排3个方向,卿和大夫排两个方向,士只能排一个方向。关于舞队的人数,规定天子的舞队可以用"八佾",即排8行,每排8人,共64人;诸侯用"六佾"48人,大夫用"四佾"32人,士用"二佾"16人。当然,这些规定只限于统治阶级内部,奴隶和平民无法享受这种权利。

周朝的统治者还明确指出用音乐进行统治的目的,就是让人们保持平和,不进行反抗,即"以乐礼教和,则民不乖",故以"和"为宗旨的音乐又被称为"雅乐"。

雅乐,实际上是直接与礼联系在一起的,是举行祭祀、朝贺等大典时使用的音乐。周朝的礼有5类:吉礼讲祭祀,敬事邦国鬼神;凶礼哀忧患,多属丧葬凶荒;宾礼讲会同,多属朝聘过从;军礼讲兴师动众,征讨不服；嘉礼为宴饮婚冠等活动之礼。在这5类活动中，乐都是重要的内容。活动的政治性质和重要性以及使用的场合决定了雅乐的风格是"中正和平""典雅纯正"。

周朝祭天地、祀考妣的"雅乐"，又被称为"六乐"或"六舞"，由于"六乐""六舞"代表了最高等级的乐，所以表演这些乐舞的人并不是专职的乐师和地位低贱的乐工，而是在大司乐中受教育的贵族子弟——国子。大司乐也许是世界上最早的音乐教育机构。

然而，不管周代的礼乐制度如何完备都无法真正约束那些穷奢极欲的奴隶主贵族。在统治阶级内部，逾礼之心丛生难灭，僭越之举此起彼伏，更重要的是，任何礼乐刑罚都无法掩盖日益激化的阶级矛盾。

## 乐之八音

乐器发展到西周，仅文献资料记载的就有70余种，可见当时乐器制造技术、乐曲创作和演奏技巧的发展水平。

在中外乐器发展史上，打击乐器是最先出现并率先完成定型的。作为音乐两大要素之一的节奏更是早于旋律。就乐器本身的演奏方法而言，打击乐器更有利于表现节奏，管乐器、拉弦乐器则更擅长表现旋律。所以在中国乐器史上，打击乐器首先得到了发展，并在先秦音乐中处于主体地位，奠定了中国音乐的基础。

打击乐器萌芽于新旧石器时代，成型于西周至春秋战国时期。乐器按制作材料的不同可分为金、石、土、革、丝、木、匏、竹，史称"八音"。《诗经》中提到的乐器名目近30种，而打击乐器就占去20余种。例如，金制的有钟、铃等，石制的有磬，革制的则有形制大小各异的鼓，木制的则有柷和敔等。另外，土制乐器也有一部分属于打击乐器。在这些乐器中，重要且具音乐性的有鼓、钟和磬3种。

《周礼·考工记》在专论乐器制作的部分谈到了鼓、钟、磬，对其他打击乐器则没有详述。到目前为止，已经出土的先秦乐器中也数这3种乐器最多、分布最广，所以在先秦打击乐器中，鼓、钟、磬是主体乐器，是表现商周精神及先秦音乐的重要载体。

这一时期，这些乐器在形制上已趋于完备与定型。就其体积来说，这时的打击乐器形制庞大。如用于战争和祭祀的鼓，一般都需要几个人抬。因为体型大，所以声音沉着威严，易于表现肃穆的气氛。

在《诗经》中还有琴、瑟、箫、管、籥、埙、篪、笙等乐器，其中大部分用于给歌舞伴奏，但也有描写乐器独奏情况的。如《诗经·周南·关雎》中有"琴瑟友之"，《诗经·邶风·击鼓》中有"击鼓其镗"，《诗经·邶风·简兮》中有"左手执籥，右手秉翟"，《诗经·小雅·鹿鸣》中有"我有嘉宾，鼓瑟吹笙"等。

由于技术进步，我国的乐器逐渐完善，并出现了乐器的具体分类。乐器分类的产生标志着我国乐器在当时已进入一个相当成熟的阶段，如《尚书·尧典》中明确记载"三载，四海遏密八音"。

先秦时期，在乐队编制和演奏上也曾出现空前昌盛的局面。《管子·轻重甲》中曾有夏桀时"女乐三万人，晨操于端门，乐闻三衢"的记载。《史记·殷本纪》中也有关于商纣王"作新淫声，北里之舞，靡靡之乐"的记录。统治者为了弥补内心的空虚，过着荒淫无度的生活，此外，还以庞大的乐队来炫耀自己的地位。

"金石以动之，歌以咏之，匏以宣之，土以赞之，革木以节之。"（《国语·周语》）这是2000多年前关于当时乐队的详细记载。从音乐史的发展上看，这一时期音乐的绝对音高、调性功能、移宫换调已逐渐形成概念，十二律的音律体系已经完成，七声音阶也开始应用。

值得注意的是，不管是宫廷乐队还是地方乐队，都受《易经》的影响，八卦与八音有着一定的联系和浸透，如乾、坎、艮、震、巽、离、坤、兑对应金、石、土、革、丝、木、匏、竹。用八卦的方法排列乐队，各朝代都有记载，符合我国民族传统的审美习惯，也符合物理、声学性能的要求。关于八卦和八音之间更深刻的联系，还有待于学者进一步发现和研究。

## 八音

所谓八音是古人按制造乐器的材料来区分的，据《周礼·春官·大师》载："皆播之八音——金、石、土、革、丝、木、匏、竹。"

1. 金：钟、镈、镛、錞、钲、铎、铙。
2. 石：磬、馨。
3. 土：埙、缶。
4. 革：鼓、鼗等。
5. 丝：琴、瑟、筝、筑。
6. 木：柷、敔。

7. 匏：簧、笙、竽。

8. 竹：箫、管、籥、篪。

## 三代的音乐教育

我国从夏代开始进入第一个奴隶制王朝。从氏族社会到有史可考的夏代，社会也开始逐步完成了从原始社会向奴隶制社会的过渡。脑体劳动的分工促使学校教育的正式产生。与国家制度相适应，教育制度上则表现为"学在官府"。三代虽还未出现私学，但这并不意味着生活中没有进行音乐的教习与传承。

《孟子·滕文公上》中记有孟子答滕文公为国之道的内容，孟子谈到"设为庠序学校以教之。庠者，养也；校者，教也；序者，射也。夏曰校，殷曰序，周曰庠，学则三代共之，皆所以明人伦也"。由此可知，在孟子的观念中，"校"当为夏代学校的名字。而《礼记·明堂位》中也有"序，夏后氏之序也"的记载，认为"序"为夏代的学校。

三代的音乐教育以礼乐教育为基本特征。礼乐制度（包括其教育制度）若追寻其产生的本源，则可上溯至氏族社会的原始礼仪活动中。三代礼乐制度作为上层建筑和意识形态的具体实施内容，是从原始礼仪活动发展而来的。夏代礼乐教育的实施状况，后人知之甚少。屈原在《天问》中对历史的发问，说明夏代的历史在当时已是若明若暗了。

夏代的礼乐活动，据文献与文物的考证可知，当时已初具规模。夏文化遗址出土有鼍鼓、陶鼓、石磬以及多种青铜礼器和玉器。这同史书上有关夏礼的记载，如"诸侯之有冠礼，夏之末造也"（《礼记·郊特牲》）、"殷因于夏礼，所损益可知也；周因于殷礼，所损益可知也"（《论语·为政》），也是相吻合的。

据《吕氏春秋·古乐》记载，在夏代宫廷祭祀仪式中会出现歌颂禹功绩的大型乐舞《大夏》，这类乐舞的编演与教习都有专职的乐官负责。

有学者从文字学的角度推测，认为"军事教育是夏教育的重要内容"。正如《山海经·海外西经》中所记"大乐之野，夏后启于此儛九代"，再结合后世关于夏"为政尚武"的说法，或可证明夏代确有军事乐舞的教习。

《吕氏春秋》记载夏后氏教民重德，"处不重席，食不贰味，琴瑟不张，钟鼓不修，子女不饰"，其行为与"明人伦"的德育内容有关。

据《左传·昭公十七年》引《夏书》"辰不集于房，瞽奏鼓"可知，夏时已有乐人瞽，其奏乐与天文（日食、月食）现象有关。

夏代由于音乐方式的改变，一些本用于祭祀的乐曲逐渐成为享受之乐。这在《楚辞·离骚》"启九辨与九歌兮，夏康娱以自纵"的追述中有所披露，这也意味着一种以服务为主的音乐方式的出现。

商朝的甲骨文中也有一些关于教学方式和内容的记录。《礼记·明堂位》中有"瞽宗，殷学也"之句，郑玄注曰："瞽宗，乐师瞽矇之所宗也。"将其视为进行礼乐教育的场所。"殷人尊神"，在敬神祈福中都会有乐，文献中也有"殷人尚声"和"以乐造士"的记载，这些都可以作为商代乐教发展水平的验证。《诗经·商颂》中记载有"万舞"的表演。据

第八章　金声玉振——萦绕千年的三代乐舞

考证，"万"原为舞的乐师，甲骨文中也有"万人爻"的卜辞，这也间接反映了商人习乐是为了服务于宗教祭祀活动的音乐教育观念。

据《吕氏春秋》记载："汤乃命伊尹作为《大濩》，歌《晨露》，修《九招》《六列》《六英》，以见其善。"此皆为宫廷教习乐舞，由专职乐官管理。

考古发现了大量商代礼器与乐器，其乐器的制作工艺与音阶的设计均达到较高的水准，这是只有在不间断的文化传承、积累与习得中才可能产生的音乐成就。

商代的宫廷音乐活动中有大量的女乐、乐官参与其中。这些女乐、乐官的音乐才能，显然与当时的音乐教习行为相关。这里需要区分的是，作为礼乐教育中的乐教与作为娱乐的音乐教习不同。虽然在宫廷音乐活动中，这两者有时很难区分，但是就作为专门的音乐教育机构（如瞽宗）的职责而言，祭祀礼仪活动中音乐行为的传习与声色娱乐活动中音乐行为的传习，在实际功能上是完全不同的。自氏族社会以来在民间音乐生活中一直存在的音乐传习行为，也是社会音乐教育的内容之一。

西周的音乐教育以礼乐教育（即乐教）为主体，其概念不同于今日学科化的音乐教育概念。用今人的眼光看，西周的音乐教育是"六艺"教习中的一部分；用历史的眼光看，西周的音乐教育即为礼乐教育。前者的角度着眼于学科技艺的教习，后者的角度着眼于人的品德和技艺的全面发展。

西周的礼乐教育具有伦理化、政治化、宗教化的性质，这是其历史特征。其教育从个体行为（教之以事）、观念（化成于心）的培养方式入手，达到外在行为与内在心理、观念意识与情感体验的一致。因此，礼乐教育也具有审美教育（或情感教育）的性质，即所谓的"乐所以修内也，礼所以修外也"（《礼记·文王世子》）。礼乐教育的所有特征在乐教的具体实施中都有所体现。因此，我们可以从西周"乐"的实施来探讨乐教的行为、观念及其表现形式。

## 周公与西周乐教

周公是西周初礼乐制度的制定者，也是周代乐教思想的代表人物。

周公姬姓，名旦（生卒年不详），谥文公。为周文王第四子，武王同母弟，故又称公叔旦。因其采邑在周及曾为"三公"之一，故世人尊称"周公"。周公助武灭商，继而辅佐成王（"屏成王而及武王"《荀子·儒效》）成为西周王朝的奠基人。周公执政的主要政绩之一就是制礼作乐、倡导乐教，开古代礼乐教化之先河。从这个意义上讲，周公是中国3000多年前古代文化领域的杰出代表人物。孔子多次赞叹"周公之才之美"（《论语·泰伯》），将周公及其事业作为文化复兴的样板，并曾发出"甚矣吾衰也，久矣吾不复梦见周公"（《论语·述而》）的感慨。

## 古老的巫舞

远古时期，洪水、大火、干旱、地震等自然灾害以及危害人类生命的疾病、瘟疫，使原始先民心中充满了恐惧与困惑。他们把这一切都归结为神灵的作用。人们对神灵产生崇拜，把天地日月、石木水火、山川河流都加以神化，这就是原始的宗教。从原始社会到奴隶社会，各种祭祀以及举行祭祀时所表演的歌舞，都属于这种原始宗教活动。

为了预知神灵的意志，需要有人在鬼神与人之间传递消息。此外，人们还幻想借助某种神秘的超自然力量控制和影响鬼神，于是产生了巫和巫术。

巫作为鬼神与人之间的中介，在巫术和原始宗教祭祀活动中扮演着极为重要的角色。唱歌跳舞是巫的专长，也是巫术的主要内容。

商朝的统治者迷信巫术和祭祀。他们相信天上有神灵能主宰人间的一切，死去的祖先也能干预活人的活动，山川河岳的神灵也能降祸赐福，因此巫歌巫舞风行一时。

《尚书·伊训》中记录了这样一件事：商王太甲即位时，伊尹认真地训导太甲，说先王曾告诫其官员："敢有恒舞于宫，酣歌于室，时谓巫风。"还说卿士有了这种巫风，家必丧；国君有了这种巫风，国必亡。可见以歌舞为特色的巫风，在商朝已经成了十分严重的社会问题，因而像伊尹这样的贤相会把它拿来训导国君。但是训导归训导，这种"恒舞于宫，酣歌于室"的巫风之气根本无法纠正，因为商王本身就是这种巫风的带头人。

从甲骨卜辞中我们知道，商代还有拿着五色羽毛祭祀四方神的乐舞。这些舞者主要是巫，有时商王自己也会参与其中。甲骨卜辞的"王乍槃隶""戊子贞，王其羽舞，吉"等，就是商王跳舞的铁证。

这些属于原始宗教仪式中的舞蹈被列入商代统治者祭祀的礼仪中，这种祭祀形式一直延续到周朝。周朝的祭祀虽不像商朝那么频繁，但举行祭祀的仪式却很隆重，有乐有舞。巫依然起着重要作用。

周代民间巫风盛行，特别是地处长江流域的楚国。楚人把起源于远古时代的巫称作"灵"。诗人屈原流放在沅湘之间时，见到当地的巫歌巫舞，并将其歌词加以修饰，就成了《楚辞》中奇幻瑰丽的《九歌》。"灵偃蹇兮姣服，芳菲菲兮满堂""灵连蜷兮既留，烂昭昭兮未央"等，描写的就是穿着华美的衣服、熏着芬芳的香料、拿着漂亮的鲜花唱歌跳舞的巫。

一部分巫舞经过商、周两代的酝酿发展逐渐变成了全民性的舞蹈。蜡、雩、傩是盛行于商代而流传于后世的全民性习俗，其中含有丰富多彩的巫舞。

蜡是庆祝丰收、酬谢神灵的民间祭典，每年12月举行。据说蜡祭起于神农时期，历经夏商周三代，一直保持着原始作风。蜡祭的神有8种，都和农业有关，先啬——先农，若神农者；司啬——管农耕的神，即后稷；农——农夫神；邮表畷——田畯神；猫、虎——猫神、虎神；坊——堤神；水庸——河道神；昆虫——昆虫神。

第八章 金声玉振——袅绕千年的三代乐舞

蜡祭时,乐队吹籥,打土鼓,弹琴鼓瑟,表演《兵舞》和《帗舞》,还要唱着歌。据《礼记·郊特性》记载,蜡祭的舞者披着皮衣,穿着素服,系着葛带,拄着榛杖,还要以人装扮成猫、虎之类的神灵受祭;参加蜡祭的农夫们则穿着黄衣,戴着黄帽子。

蜡祭是全民性活动,十分热闹。有一次,孔子和子贡观蜡。孔子问子贡观感如何,子贡说"一国之人皆若狂"。孔子则说,百姓们辛苦了一年,岁终时放松一下筋骨,举行这种蜡祭是很有必要的,因为这体现了"一张一弛"的"文武之道"(《礼记·杂记下》)。

雩是求雨的祭典。周朝的宫廷里设立了专管雩祭的官员,还有专门舞雩的女巫。雩不限于宫廷,民间也可举行。孔子和弟子们论志,曾说他的志向是在暮春时节,约上五六个小伙子带上六七个小孩子,到沂水中洗澡,再一起参加舞雩,唱着歌回家。由此可知,雩中有歌舞,雩祭时可表演《皇舞》。春秋战国时期的文献中有关雩的记载甚多,舞雩的目的是求雨。

傩是驱逐疫鬼的祭典,是古人产生预防疾病观念的体现。巫把一些原始的狩猎舞、拟兽舞和简单的歌唱以及一些打击乐器纳入傩仪,使傩演变

屈原青铜像

成一种载歌载舞的习俗。傩一般是在年终岁首举行。

商代已盛行傩祭，但有关其具体情形缺少文献的记载。周代的傩仪已是全民性习俗，能代表周王室和诸侯国的傩被称为"国傩""大傩"，老百姓举行的傩被称为"乡人傩"。

周代宫廷里举行傩祭时，由方相氏领头。方相氏头戴铜铸或木铸的假面，上面有金光闪闪的4只眼睛。他穿着黑色上衣，系着红色裙子，手上蒙着熊皮，一手拿着戈，一手拿着盾，率领着打鬼的队伍到各个角落跳跃呼叫，发出"傩"的声音。据说这样就可以保证一年不生病。有时，方相氏还会在举行葬礼时跳到墓穴里去，把恶鬼吓跑以保证墓主的安宁。

傩一直流传，但傩队的形式却在不断变化。汉代傩队中的方相氏要率领"十二神兽"，用长戈向四方冲刺，还要选120个10至12岁的侲子（童子，亦特指逐疫时所用之幼童）紧随其后，边大声唱着驱鬼的歌，边敲着鼗鼓奔跑。所谓"十二神兽"就是戴着狰狞兽面的舞者，据说那些"神兽"可以把病魔邪鬼统统吃掉。驱傩的队伍里有人舞着用桃枝扎成的扫帚，拿着用桃木做成的弓、用荆条做成的箭，也有人装扮成门神"神荼""郁垒"。

在今黑龙江流域、黄河流域、长江流域、珠江流域以及一些偏远地区，至今仍有一些人举行傩仪。

凡有傩仪，必有傩舞。傩祭与蜡祭后来在民间发生了融合，尽管如此，在一些现存的舞蹈中仍然可见傩与蜡的痕迹。如西南一些少数民族在秋收结束后，会有"敬牛王""祭谷魂"的仪式。有些地方的傩舞已经向情节化发展，出现舞蹈与戏剧混合的形式。

## 乐舞奴隶与舞蹈文化

舞蹈从群众自娱性向表演艺术发展，是奴隶制社会舞蹈发展的重要进程。这时出现了以观赏乐舞取乐的奴隶主阶级和以表演乐舞供人欣赏娱乐的乐舞奴隶。这种发展趋势是阶级分化以后，在奴隶制社会的初期就显示出来了。我们从夏启、夏桀、商纣王等醉心于乐舞享乐的传说中可以窥探到这种发展的轨迹。

相传奴隶制社会的第一个统治者夏启即位十年后曾舞《九韶》。这时舞《九韶》并不是为了歌颂舜德，而是为了欣赏取乐。为了宣扬这场异乎寻常的演出，还造出了启"上三嫔于天，得《九辩》与《九歌》以下"的神话。神话中启从天上取得仙乐回到人间后，在"大穆之野"（一说为"大乐之野"）演奏了《九韶》，景象颇为壮观。启醉心于享乐的乐舞这一神话，还可以从《墨子·非乐》的论述中看到一二，"启乃淫溢康乐，野于饮食，将将铭苋磬以力，湛浊于酒，渝食于野，万舞翼翼，章闻于天，天用弗式"。乐舞享乐是启奢淫生活的一个体现，这些令启心醉的"康乐"显然已经是一些经过艺术加工、具有一定欣赏价值的表演性舞蹈。

到夏朝的末代统治者桀时，供奴隶主享乐的乐舞又有了很大的发展。相传在桀的宫中有"女乐"3万人。这些专供奴隶主欣赏娱乐的乐舞，新奇瑰丽，与夏启的时代完全不同，夏启只不过把前代歌颂氏族英雄、祭祀祖先的传统乐舞——《九韶》搬来欣赏娱乐罢了，为了掩饰还编撰了上天取乐的神话。到了夏桀、商纣王的时代，为供奴隶主娱乐而创作新颖的乐舞形式已是十分合理的事，这也标志着表演性乐舞已经达到一个新的水平。它既然是专供奴隶主欣赏的乐舞，就不得不按照欣赏者的审美趣味去创作、表演。相传纣王喜淫声，把当时著名的乐工师延囚禁起来，强迫他作自己喜爱的音乐。师延"奏清商流徵调角之音"，纣王颇为不满，说"此乃淳古远乐，非余可听悦也"，强迫师延"奏迷魂淫魄之曲，以欢修夜之娱"。这些传说十分清楚地表明随着奴隶社会的发展，专供奴隶主享乐的乐舞越来越奢靡，乐舞创作的自由越来越受到禁锢，乐舞奴隶必须按照奴隶主的要求去进行创作和表演。

后世常常把一般民间乐舞称作"淫声"，甚至称之为"靡靡之音""北里之舞"。实际上，绝大多数民间乐舞是健康、向上的，即使是以表现男女情爱为内容的歌舞，也多是对纯真爱情执着的追求和对美好幸福爱情的向往。无论在哪个时代，多数优秀的乐舞都是来自民间，来自广大人民的创造。

从夏启到商纣王，随着乐舞的发展，出现了从事乐舞的专门人员——乐舞奴隶。甲骨卜辞中的"舞臣"，据史家考证，或许就是指这种具有奴隶身份的专业舞人。乐舞奴隶除给奴隶主表演乐舞外，有时还参加祭祀或其他乐舞活动。

奴隶主活着的时候要乐舞奴隶为他们表演取乐，奴隶主死后，还会要求乐舞奴隶为他们殉葬。考古发现，商代用活人殉葬之事屡见不鲜。河南安阳武官村商代奴隶主大墓及其陪葬坑中出土了大量人体尸骨，大墓中还

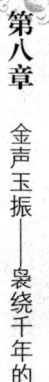

第八章　金声玉振——萦绕千年的三代乐舞

出土了精美的乐器——大石磬，廓室两侧的24具年轻女性尸骨旁有舞具小铜戈，戈上还有绢帛和鸟羽的残迹，可见她们生前是乐舞奴隶。

乐舞奴隶的产生促进了乐舞发展，他们用血泪和生命浇灌了灿烂的中华民族的舞蹈之花。

# 多彩的周朝乐舞

周朝的最高统治者像商朝的君主一样重视乐舞、祭祀，不但注重发挥乐舞"通神"的作用，而且更加重视乐舞"治人"的作用，充分发挥舞蹈的社会功能。

传说周武王在伐纣途中，军队曾在商丘宿营，士卒"前歌后舞"，通宵达旦。又传说武王伐纣时得到了巴人的支援，巴人用歌舞震慑敌人取得了胜利，这种歌舞后来演变成了《巴渝舞》。

周王朝建立后，为了巩固胜利的成果，加强对分封诸侯的控制，从政治到文化制定了一整套典章制度。

史书上所说的"周公制礼作乐"，即在周公旦的主持下，周王明确了"宗法制"，用血缘关系把诸侯控制在周天子周围，又建立了天子、诸侯、卿、大夫、士的阶梯式等级制度。宗法制和等级制结合起来，形成了一套完整的、严格的君臣、父子、兄弟、亲疏、尊卑、贵贱的礼仪制度。为了体现和巩固礼仪制度，周公又主持制定了一套专用于祭祀、出征、会盟、饮宴、婚娶、丧葬等服务的乐舞制度。

从周公"制礼作乐"开始，乐舞就被当作"载道"的手段，发挥着政治作用。舞蹈被纳入雅乐体系，成为礼治、乐治的工具。统治者用乐舞来纪功德、成教化、助人伦，舞以象功、舞以象德成了雅乐的宗旨。

周朝初年，在吸收商朝文化思想的基础上，集中整理了前代的乐舞《云门》《大成》《大韶》《大夏》《大濩》，又新创制了《大武》，合称六舞、六乐。

六舞、六乐都是纪功德、祭郊庙的乐舞。每一部乐舞都有明确的主题，以表彰某个圣明先王的功德或祭祀某种神祇。

这6套乐舞的舞蹈可分为两类，前4种属文舞，后两种属武舞。舞文舞时，舞者手拿乐器"籥"和鸟羽"翟"等。舞武舞时，舞者手拿干（盾）、戚（斧）等。

所谓"文"是指以文德定天下，"武"是指以武功取天下。舞者手中所执的道具籥、翟、干、戚等都有象征意义，舞蹈的每一动态也都有具体意义。

六舞是周朝的雅乐，演出仪式隆重，所奏的音律、所祭的神祇都有定制。舞《云门》时，奏黄钟，歌大吕，祀天神；舞《大成》时，奏太簇，歌应钟，祀地祇；舞《大韶》时，奏姑洗，歌南吕，祀四望；舞《大夏》时，奏蕤宾，歌函钟，祭山川；舞《大濩》时，奏夷则，歌小吕，享先妣；舞《大武》时，奏无射，歌夹钟，享先祖。

六舞中有5种是前代乐舞，唯有《大武》是周人创作。这是一部具有鲜明政治倾向的乐舞，《吕氏春秋》说《大武》的作者是周公。这部乐舞表现了武王克商的丰功伟绩。演出时，隆隆的鼓声响起来，舞队全副武装以战阵的形式开始舞蹈。

周代的雅乐中除了上述的六舞，还有六小舞，即《帗舞》《羽舞》《皇舞》《旄舞》《干舞》《人舞》。六小舞也可用作祭祀乐舞。

《帗舞》用来祭祀社稷，舞者执全羽或五彩缯而舞。

《羽舞》用来祭祀宗庙，舞者执杂色散羽而舞。还有一种说法是此舞用来祭祀四方。

《皇舞》是祈雨的舞蹈。舞者头上插着鸟羽，上衣用翡翠羽毛装饰，手里还要拿着五彩的鸟羽。

《旄舞》用来祭祀辟雍，舞者手持牦牛尾而舞，也有人说《旄舞》就是《隶》。

《干舞》用来祭祀山川，舞者持盾牌而舞。

《人舞》用来祭祀宗庙和星辰，人们徒手曳长袖而舞。此外，周朝还有一种重要的武舞——《象舞》，即《象箾》。还有一种说法是殷人能驱象作战，周人打败了殷人，取他们驯象的舞蹈来展示自己的武力。

所有这类雅乐，周朝的统治者都很重视。演出时，舞队的人数有严格的规定。当时乐舞的行列称佾。天子八佾，就是说天子用64人组成的舞队。这种规定体现了礼仪制度，绝对马虎不得，稍有不慎，就是莫大的政治错误，甚至成为被鸣鼓而攻之的对象。

周朝规定参加这些舞蹈表演的人必须是王室贵族子弟，而且把这些乐舞作为贵族子弟（所谓"国子"）教育的必修科目。当然，老百姓也是要学习礼乐的。若论对乐舞的重视，周朝是超越前代的。

周朝之所以如此重视乐舞和乐舞教育主要是为了实行文化控制。周朝的统治者坚信"乐"可以和"礼"互相补充。周朝初年的"制礼作乐"，就是希望通过"乐"来把人情节制在"礼"的范围内，通过乐舞来强调民族、宗族的认同，通过乐舞教育的普及，实现文化认同。所以，孔子对六舞和六小舞都称颂备至。孔子在齐国观看了《大韶》，认为其尽善尽美，竟乐得三月不知肉味。孔子说："兴于诗，立于礼，成于乐。"（《论语·泰伯》）也就是说，要成为人格完善的君子，必须先学诗，再学礼，而道德修养的最终完成，一定要依赖于乐舞。从《论语》《礼记·乐记》及荀子《乐论》等有关乐舞的论述中，我们知道先秦儒家很重视乐舞修身养性的功能。他们认为通过乐舞的熏陶，人的精神面貌、情操志趣都会发生变化，可以变得正直而温顺，宽厚而严肃，人也会变得心胸开阔、志高气壮。人们合着旋律与节奏，在有规律的韵律和姿态中、在有条理的队形变换中，去掉粗俗的举止和散漫的行为，做到步调一致、仪态端庄，成为文质彬彬的君子。乐舞不仅能使人的人格变得完美，而且能产生移风易俗的社会作用。乐舞训练可以使人感受到王权的威严、等级的尊卑，有助于德治。所以，在儒家的教育科目中，乐（包括音乐和舞蹈）占有十分重要的地位。

六舞、六小舞等雅乐，不仅可用在祭祀仪式中，也可用在君主和诸侯的宴会上。传世的战国宴乐渔猎攻战纹图壶上宴享乐舞以及水陆攻战的场面再现了古代社会生活的一些场景。周朝的诸侯国之间有频繁的外交活动，在接待外宾或会盟时都少不了乐舞。

这些雅乐被统治者视为经典，被称为"先王之乐"，长期用于宗庙祭祀。这充分体现了它们特殊的政治和宗教色彩，也使其在形式上日趋刻板与僵化，逐渐失去了原有的生命力和艺术感染力。

和雅乐相对的是民间流行的俗乐，是百姓们参加的歌舞。

周代的诸侯国有各式各样的民间乐舞。从现存的一些文献中可以揣摩当年各地俗乐的热闹情景。

此外，周代不仅中原地区的民间有丰富生动的乐舞，生活在边远地区的百姓也有丰富多彩的乐舞活动。例如，在云南开远出土的春秋战国时期

第八章 金声玉振——萦绕千年的三代乐舞

的铜鼓上铸有芦笙舞、干戚舞、矛舞、羽舞等各种舞蹈图像。

普天之下的俗乐和雅乐，共同组成了灿烂的周朝乐舞文化。

周代是中国乐舞蓬勃发展的时代，不仅有知名的六舞、六小舞等用以巩固统治者地位的乐舞，贵族的宴饮游乐活动中还流行着具有楚国风格的《激楚》《结风》《万舞》等著名舞蹈。河南、安徽、湖北、湖南、四川等地出土过不少春秋战国时期绘有乐舞图案的器物，如湖南长沙出土的战国彩绘舞女漆奁、河南信阳出土的楚漆锦瑟乐舞图、湖北随县曾侯乙墓出土的漆绘鸳鸯盒上的舞人图等，都再现了当年贵族宴乐中的舞蹈场景。

春秋战国时期随着礼崩乐坏，"先王之乐"渐渐失去了它的魅力与权威。"新乐"以其勃勃生机成为人们宣泄情感的载体，受到社会各阶层的欢迎。

生动活泼的民间歌舞和活跃于贵族生活中的专业伎乐组成了春秋战国时期盛极一时的"新乐"。在当时的社会政治生活中，"新乐"起着重要作用，对后世乐舞艺术的发展产生了不可忽视的影响。

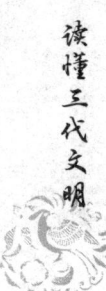

# 奇伟之戏

夏商周时期，乐舞逐渐由原始社会中单纯的敬天娱神变为一种服务于王权的娱乐工具。执掌政权的君主们开创了宫廷艺术的先河，而艺术表演的多样化则促进了各部族之间的文化交流，正如史籍所述："少康（杜康）即位，方夷来宾，献其乐舞"（《路史·后记》）；"诸夷宾于王门，再保墉，会于上池，诸夷入舞"（《古本竹书纪年》）。

夏代的最后一位君王桀一味追求享受，把宫廷表演推向极端，其自身也落个被逐而死的下场。这里值得探讨的是桀时的奇伟之戏。

汉代刘向说："桀既弃礼仪……收倡、优、侏儒、狎徒能为奇伟之戏者，聚之于旁，造烂漫之乐。"（《列女传·孽嬖传》）古籍《路史》中也称桀"广优狌，戏奇伟，作东歌而操北里"。

从以上记载可以看出，先秦乐舞自夏代开始，已经逐步摆脱了原始巫舞的范畴，产生了倡、优、侏儒等专门从事艺术表演的人员，并由他们来演出奇伟之戏。

奇伟之戏的表现形式究竟如何古人没有注明，古籍上也鲜有论证。根

第八章　金声玉振——袅绕千年的三代乐舞

据现有史料,我们可进行如下分析:

夏铸九鼎,从此打开了青铜时代的大门。青铜器物以鼎为代表,沉重粗犷,代表着当时的审美倾向。桀、纣"大鼓钟磬管箫之音,以巨为美,以众为观"(《吕氏春秋》),可见当时的社会风尚。这样奇伟之戏中的"伟"便容易理解了,它与"众"为匹,与"巨"相合,继承了夏代先祖倡导大型乐舞的遗风。

至于奇伟之戏中的"奇",则应是对优倡们高超技巧的概括。"奇"也就是杂技。我们从出土的商代顶碗玉人中可以略见一斑。顶碗玉人造型古拙,头上顶3只碗,碗里的一圆形物像极了果实。这在杂技艺术刚刚脱离原始形态的商代,是可以称之为"奇"的。"优",历来人们都把它作为古代以歌唱、舞蹈、滑稽、杂技表演为业的艺人的统称。其中以演出乐舞为主的人被称为"倡优",以表演戏谑为主的人被称为"俳优"。自奴隶社会始,贵族们常以侏儒为"优",因此侏儒一度曾是"优"的代名词。

此外,"猱"也与"奇"有关。"猱"本意是兽名,属猿类。《尔雅·释兽》中称"猱猿善援"。这里把它与"优"并列,显然不是用其本意,而是对善援的艺人而言的。"猱"的表演当与后来的"侏儒扶卢"之类纯杂技表演类似,其技颇有可观之处,是为"奇"。

## 扩展阅读　乐钟与乐鼓

商代乐钟一般多为3件一组,以形制相同而大小依次递减的乐钟为组合;也有5件一组的,如妇好墓中就出土过5件一组的乐钟。钟的形制与发音规律的关系是体大壁薄者音低,体小壁厚者音高,大小相近而壁厚不等则可以击出不同的乐音。每套编钟形制相同,但大小厚薄各异,是为了能敲出人们需要的不同乐音。西周时的乐钟一般为8件一组,也有多至9件一组的。东周时期,一组乐钟最多可达14件。乐钟以其形状不同,还有甬钟、钮钟、镈钟之分。钟的使用按规定为天子四组,诸侯三组,卿大夫两组,士一组。商周的铜钟有的插在座上,更多的是悬挂在钟架上。使用时按钟体的大小依次排列成编,故称编钟,每编又称一肆。

目前发现的商周乐钟有数十套之多。有时一座墓如蔡侯墓、曾侯墓等,就出土数套乐钟。其中,曾侯乙墓中出土的数量最多(1977—1978年,湖北随州市擂鼓墩曾侯乙墓成功发掘),共有8组编钟悬挂在曲尺形的钟架上,总数有65件青铜编钟,其钟架制作考究,木质的横梁用黑漆彩绘,两端套有动物形象的青铜套。上层的立柱用圆木做成,中、下两层的立柱，除一根铜立柱外，每层还有3个铜铸的佩剑武士，他们双臂上举，用头和双手承撑横梁；下层的铜人为一个站在圆形铜座上的形象，这些铜人也用头和双手顶着横梁。这座钟架和编钟的悬挂情况保存完好。钟架旁边还有6个"丁"字形彩绘木槌和两根彩绘木棒，这是演奏乐曲时使用的。编钟上的铭文中有12个半音的名称。今人曾演奏过曾侯乙编钟，发现它音色丰富、音域宽广、音律准确，其音响已构成倍低、低、中、高4个色彩区。各层钟的基本骨干音可以构成七声音阶，各组甬钟的变化音又互为补充，能演奏采用和声、复调以及转调手法的乐曲。2300多年前的青铜乐钟竟能具备这样好的性能和这样高超的制造技术，在世界音乐史上实为一大奇迹。

  青铜乐钟在商周时期的贵族生活中占有相当重要的位置。无论是妇好墓还是曾侯乙墓中都有成套的青铜乐钟，可以看出死者生前对乐钟的重视。特别是曾侯乙墓出土的65件编钟，是迄今发现的世界上最庞大、最壮观的青铜乐器。

  学者们在对钟体进行测音的工作中发现，每枚钟都具有两种振动方式：一是正对称振动，其节线通过鼓音所在部位；一是反对称振动，其节线通过隧音所在部位。这样每枚钟都能发出两个音，所以被称作"双音钟"。由于节线的走向不仅与钟的结构有关，也与铸件型腔的规范化程度及合范过程中的准确性有关，所以乐钟的铸造比一般礼器生产的难度要大得多。要铸造一枚音律准确的钟，对技术的要求相对较高，任何一个环节出现差错都将使之报废并需要回炉重铸。商代乐钟的音程关系以大二度居多，说明当时的铸造工艺、测音、调音技术都已达到一定的水平。西周时期，特别是春秋战国时期，青铜乐钟的音色更好，这与工匠们在音程方面不断改善铸造工艺、调音技术有关。曾侯乙编钟中的每枚钟都能发出两个乐音，而且这两个乐音多呈三度谐和音程，很有规律，这说明当时在铸造过程中已经掌握了使钟达到某种特定的音响效果所必备的科学知识与技能，这是一项了不起的创造。

在乐器中，鼓是不可缺少的。曾侯乙墓中在放置编钟的中室内就有铜制建鼓座。当时的鼓有建鼓、悬鼓及其他大小不等、用途各异的鼓。它们大多是木制的，2000多年后的今天，等我们发现时它们一般都已腐朽，难以看到全形。1977年，在湖北崇阳出土了一件商代铜鼓，为我们了解商代工匠的制作技艺提供了宝贵的素材。

这件铜鼓通高75.5厘米，鼓面呈椭圆形，无纹饰，但每面边缘都装饰有排列均匀整齐的3排乳钉。鼓身遍体饰云雷纹、兽面纹。鼓身上部正中有一元宝状饰物，中有一孔，似可系绳，两侧高起之处像鸟兽之头。鼓身之下有长方形支座，放在平地上相当平稳。这件铜鼓重47.5千克，是我国仅有的商代兽面纹青铜鼓。

鼓在古代是一种重要乐器，常在祭祀、宴飨时与钟磬等一起使用，所以《诗经·周颂·执竞》中说"钟鼓喤喤，磬筦将将"。也有人认为，鼓是众乐之长，一切乐器的演奏与终止都要听从鼓的指挥。鼓在战斗中也起着重要作用，所以有"一鼓作气"的说法。

第八章　金声玉振——袅绕千年的三代乐舞

# 第九章

## 淳朴氤氲——三代家具巡礼

夏商周时期是中国家具的早期发展阶段，各种类型的家具雏形在当时都已出现。由于受当时建筑水平和风格的影响，室内空间狭小，人们形成了席地而坐的起居方式，在这种背景下，一些适用于席地而坐的低矮家具开始出现。

## 古人的坐、卧家具——席

席是供人们坐、卧或铺垫的编织用具,是我国古老的坐具之一。席的起源很早,在《礼记》中就有关于"天子六工"的记载,"六工"中有专门的"草工",草工就是专门掌管草编的。西周时的席居文化已经很完善。

我们的祖先为了防虫防潮,选择在地面上铺垫树皮、兽皮或草垫等物品,这便是席的原始形态。

古人席地而坐的起居方式决定了席这一用具在日常生活中占有非常重要的地位。上至天子的飨食、封国、命侯、祭天、祭祖等重大政治活动,下到士庶之婚丧、起居等都离不开席,可以说它是古代用途最广的坐具。

在遥远的大禹时代,席的制作中就出现了丝麻织物包边和边缘花纹装饰技术,清人的《壹是纪始》中写道:"席,颇缘此弥侈矣,而国不服者三十三。"伴随着社会的发展和文化思想的进步,到了商纣王时期,贵族妇女已坐文绮之席。

到了周朝,纺织工艺在前代的基础上又有了很大的发展,各种丝麻织成的毡、毯、茵、褥等用品广泛应用。随着手编工艺和织绣技术的不断改进，席的发展出现了欣欣向荣的局面，花色、品种不断增多。从制作工艺的角度看，席大体上可分为编织席和纺织席两种。

编织席有凉席和暖席之分，凉席多由竹、藤、苇、草编织而成，也有使用丝麻的；暖席则多由毛、兽皮做成。在《周礼·春官》中提到的"五席"便是指编织席，即"莞、藻、次、蒲、熊"。

莞席是由一种俗称水葱的莞草（也称小蒲）编织而成的，是一种较为粗糙的、铺在底层的席子，常常作为铺在地上的筵使用。正如《诗经·小雅·斯干》中的"下莞上簟，乃安斯寝"。

藻，有文采、修饰之意。因此，从广义上讲，凡是经过文采修饰、花纹精美、色彩艳丽的席子都被统称为"藻席"。但从狭义上讲，藻席指的是由染色的蒲草编织而成的有花纹的席子或者是以五彩丝线夹于蒲草之中编成的席子，常常铺在莞席上使用。

次席是一种由桃枝竹编成的竹席。如《周礼·春官·司几筵》中有"加次席黼纯"，其注曰："次席，桃枝席，有次列成文者。"

蒲席则是由蒲叶编织而成，多铺在筵上使用，也有编织得较为粗糙的，铺在下层用作筵。这种席子摸上去顺滑而不油腻，躺上去凉爽而不透骨。

熊席，是天子四时田猎或出征时所用的席子，相传是用熊皮或兽皮缝制的。

除此五席外，编织席还有苇席、簚席、丰席等。

纺织席有毡、毯、茵之别，多以兽毛或丝麻为原料。

毡是一种以兽毛或丝麻织成的坐卧具。它的历史可以追溯到遥远的黄帝时期，清人的《壹是纪始》中就有黄帝做"旃"（毡的古字）的传说。到了周朝则已有专门为天子制作毡的工匠和官吏。

毯也是由兽毛或丝麻制成，但比毡更细密、轻薄，在我国古代的西北

第九章 淳朴氤氲——三代家具巡礼

少数民族中应用十分广泛。它的发展历史也很久远，源头可以追溯到尧舜时期，清人的《壹是纪始》中有"尧作毯"的记载。

茵，上古时期，茵主要是指车中所用的垫子。

周朝席的使用已与上层阶级的政治统治紧密联系在一起，席也摇身一变成了阶级地位的象征。在周朝的礼乐制度中对于席的材质、形制、花饰、边饰以及使用都有严格的规定，在《周礼·春官》中就有"司几筵掌五几五席之名物，辨其用与其位"的记载。

在周朝，无论是达官贵族还是平民百姓在招待宾客时都要布席，人们把铺在下面的大席称为"筵"，放在筵上面的席称为"席"。使用时，先在地上铺筵，再根据实际情况在筵上另设小席，人坐在小席上。为了表达对宾客的尊重，在布席之前，主人会先询问客人愿坐什么位置，脚朝哪个方向。反过来，宾客为了答谢主人的盛情及表达对主人的尊重，在入席前应先脱掉自己的靴子，登席过程中，再由下而上进入自己的位置，并且不得踩别人的鞋子，更不能踩在别人的座席上。这就是《礼记·曲礼》中所说的"毋践屦，毋踏席"。入席后，宾客还应抚席而谢之。

此外，在席的使用上还有单席、连席、对席和专席之分。

单席是为尊者所设，以表示对他们的尊敬。连席是一种群体的坐卧方法。古时候，铺在地上的横席可容纳4个人，年长的人坐在席的头部，而且所坐之人还要尊卑相当，不得差距过大，否则长者或尊者就会认为是对自己的不尊重。如果超过4个人，则要安排长者坐在另外的席子上。对席是为讲学而专门设置的。专席则是为有病者或有丧事者所用。在古代，如果某人带着不吉利的事情（如亲人死丧、犯罪坐牢或亲人患有疾病等）去赴宴，就应自觉地坐在旁边的专席上，以表示对主人的尊敬。此外，在席的使用方法当中还有"加席"和"重席"等，也是为了表达对尊者的尊敬，其具体做法要视身份、地位和权力的不同而定。

## 漆器在家具文明中的运用

在浙江省余姚市河姆渡新石器时代遗址的第三文化层中出土了一件漆木碗，这是我国目前发现的最早的漆器，距今已有7000余年。此外，在浙江余杭安溪乡瑶山古墓中出土了一件嵌玉高柄朱漆杯，说明漆器和玉石镶嵌相结合的工艺，距今已有4000多年的历史。商代漆器工艺已达到相当高的水平，不仅有髹漆同镶嵌宝石相结合的工艺，还出现了在木胎上雕刻花纹后髹涂漆色的方法，如河南安阳侯家庄商代墓葬出土的长方形的木雕架盘，通长2.3米，四角附有四木柄，通体雕饰花纹，两头形似饕餮，其余为波形线和圆形纹。

西周漆器的制作工艺已逐步成为一种新兴的手工业种类，从出土情况看，这个时期的漆器工艺技术已相当成熟。西周漆器的特点是常镶嵌蚌泡作装饰。用蚌泡作镶嵌，是周代漆器工艺中一种非常流行的装饰手法，是将贝壳或螺蛳壳等制成各种形状嵌在雕镂或髹漆器物表面，使其呈现有彩色光泽的一种装饰技法。西周时期的蚌泡镶嵌，实际上是后世漆器中螺钿的前身。在北京琉璃河燕国西周墓地中发掘出来的一批精美的漆器中有

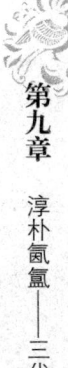

第九章 淳朴氤氲——三代家具巡礼

漆木俎，其上髹漆，外表镶嵌有蚌泡和蚌片。被镶嵌的蚌饰大多数被磨成了不足2毫米厚的薄片。又如陕西西安市津河西岸的张家坡西周墓地出土的漆俎，髹褐漆，其上镶嵌有各种蚌壳组成的图案，色彩斑斓，实为我国早期漆木器家具中罕见的精品。这些都证实西周时期镶嵌漆木家具已有一定的水平，同时也把我国创造出螺钿镶嵌漆木家具工艺的时间上溯到西周时期。

## 礼、器一体的家具

周人十分重视"礼"，强调"礼治"，十分重视现实教育。礼的本质是等级和秩序，由于这个原因，周朝的礼器家具已与宗法礼仪制度融为一体。

从《周礼》《仪礼》《礼记》的记载中可知，"礼"影响着周朝的方方面面。在礼器家具等方面，表现为对俎、几、席、禁等的材质、形制、纹饰、边饰及使用的数量和陈设的位置都有不同等级的规定。从中我们可以清晰地看到中华民族的神权、皇权、夫权的来源及当时人们的伦理道德和价值观念。因此，从某种意义上而言，这些礼器家具已不仅仅是供人使用的器具，更是奴隶社会等级、名分、地位和权力的象征。

# 极具权威的礼器家具

原始社会末期，由于生产力的提高，人们从只会使用石器逐步过渡到也会使用青铜工具。人类进入一个新的历史时期——青铜时代。社会经济特别是手工技艺的发展，为家具的制作提供了坚实的物质基础。这时家具突出的时代特点是质地以青铜为主，兼有礼器的职能，是礼器的组成部分。

《周礼》《仪礼》《礼记》中对不同阶层使用家具的品类、形制、数量、陈设、规格都有严格规定，这些无不体现了奴隶社会的等级制度。这些制度不能打破，也从侧面说明家具使用制度已成为奴隶社会上层建筑的一部分。这一时期的青铜家具以置物类家具为主，有俎、禁等。

俎一般皆出自地位在大夫、上卿之列的贵族墓内，禁出自王侯一类的大墓中。俎是贵族祭祀、宴享时陈放祭品和食物且形似几的一种器物，也是切肉用的案子，属置物类家具，祭祀时常与鼎、豆配套使用。

俎在商代主要是祭器。我们可以从青铜俎的造型中看到家具的雏形。青铜俎的造型特点是运用对称且规整的形制和庄重的直线来使其服从于祭

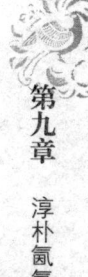

第九章　淳朴甗鬲——三代家具巡礼

祀的要求，如青铜俎用板状腿构成足，前后二足对称。此外，其装饰特点是以饕餮纹、夔龙纹、云雷纹为主，图案也多采用对称的格式，这很可能与商代流行的"中剖为二""相接化一"两分倾向的世界观有关。西周时期，俎也可与鼎配套当成礼器来使用。据《周礼·膳夫》记载："王日一举，鼎十有二，物皆有俎。"俎也有贵贱之分，如《礼记·燕义》曰："俎豆、牲体、荐羞，皆有等差，所以明贵贱也。"

西周的青铜器铭文中出现过"豕俎""羊俎"。"豕俎"是盛放猪的俎，"羊俎"是盛放羊的俎，这说明西周时盛放不同的祭品使用不同的俎。俎虽然属置物类家具，但更重要的是可以作为重要的礼器使用，在《周礼》《仪礼》《礼记》等文献中均有记载，特别是《仪礼》中对俎的使用记录颇为详细。天子、诸侯之礼应为大牢九鼎九俎。《仪礼·公食大夫礼》中规定卿或上大夫之礼应为七鼎七俎，下大夫用五鼎五俎。

我们可以从考古资料和文献记载中一睹商周时期俎的风采。河南安阳大司空村商墓出土的石俎，面板为平面，四边刻有高于面心的拦水线，有四足支撑案面，周身雕刻有纹饰，四足雕刻有对称的云雷纹和饕餮纹，极具商代艺术的典型风格。辽宁省义县出土的周早期的双铃铜俎，高14.5厘米，长22.5厘米，宽18厘米，板壁厚0.2厘米，重2.5公斤。面板作长槽凹形，下为相对的倒"凹"字形板足，中为壶门轮廓，板足裆间两端各吊扁形小铜铃一个，板足饰精致的云雷纹和饕餮纹，铜铃制作精巧，其形制较为罕见。

禁为先秦贵族祭祀、宴享时陈列酒器、食器的一种案形器具，亦为置物类家具。《仪礼·士冠礼》曰："有禁。"郑玄注："禁，承尊之器也，名之为禁者因为酒戒也。"禁也有等级之分，如《礼记·礼器》中记载："天子诸侯之尊废禁，大夫、士棜禁。"禁是摆放尊、篚等的器具，其形状有无足和有足之分。天子、诸侯因位尊，祭祀时反而不用禁，酒器直接摆放在地上；大夫、士位卑，酒器放在无足禁上。陕西宝鸡斗鸡台出土的西周早期龙纹青铜禁，周壁作镂空夔纹和蝉纹，面板为长方形，无足，体似箱形，四壁皆镂空有栏，面有三大椭圆形孔，孔有周边。另外，美国纽约大都会博物馆收藏的西周早期的青铜鸟纹禁，面板为方形，无足，体似箱形，禁面中央有突起，四面有壁，侧壁各有两方孔，周身雕刻有兽纹、鸟纹和细云雷纹。总之，这一时期家具的材质、色彩、纹饰、使用都要严格按照等级制度，不可僭越礼制。

# 三代家具装饰

很多见过商周时期青铜器的人，都会被青铜艺术表现出的神秘、威严、庄重的气氛所震撼。这一时期的家具装饰往往和同时代青铜器表现出的装饰风格一样，常采用对称式构图，有主纹也有地纹，以饕餮纹为主，其次还有夔纹、蝉纹、云雷纹等。

饕餮纹在考古界也被称为兽面纹。饕餮的特点是以鼻梁为中线，两侧面作对称排列，上端是角，角下有目，有的有耳和曲张的爪等。据《吕氏春秋·先识览》记载："周鼎著饕餮，有首无身，食人未咽，害及其身，以言报更也。"《左传》谓饕餮是"缙云氏不才子"，而《史记·五帝本

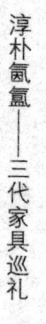

第九章　淳朴氤氲——三代家具巡礼

纪》集解贾逵曰:"缙云氏,姜姓也,炎帝之苗裔,当黄帝时在缙云之官也。"蚩尤姜姓,亦炎帝之苗裔,故蚩尤很可能是缙云氏之"不才子",宋罗泌《路史·蚩尤传》注云:"蚩尤天符之神,状类不常,三代彝器,多著蚩尤之像,为贪虐者之戒。其状率为兽形,传以肉翅。"宋人将青铜器上表现兽的头部或以兽的头部为主的纹饰都称为饕餮纹。

龙纹一般包括夔纹和夔龙纹,宋以后将青铜器表现一足的类似爬虫的物象称之为夔,这是因为古籍中有"夔一足"的记载。

饕餮纹和龙纹等纹样一般装饰在家具的面板或板足等部位。饕餮纹和龙纹等纹样有强烈的神秘感,它的形成具有一定的社会原因和社会基础,与当时社会生活、思想密不可分。这一时期装饰艺术的宗教礼法意义往往大于审美意义,家具装饰风格所表现出的审美要求必须服从于宗教礼法意义。

原始社会末期以来至商周时期,氏族部落之间开始发起大规模吞并战争,屠杀、掠夺、奴役成为社会的基本动向,社会是通过血与火的交融而向前迈进的。吃人的饕餮正好是这个时代的象征,它对异族而言是种显示威严、用以恐吓的图案,对本氏族而言是保护神,体现了当时人们对自然的认识程度和意识形态领域中浓重的鬼神观念。这时,青铜器家具除实用外,多在祭祀中作为礼器,在给祖先或鬼神的献祭中使用或铭记武力征伐的胜利。饕餮纹和龙纹等纹样采取既对称又规整的形式,突出表现了畏怖、恐惧、残酷和凶狠,这也是为了服从于祭祀的要求,从而达到精神统治的目的。超人的力量与原始宗教神秘观念的结合,使这个时期的青铜艺术包括家具装饰艺术散发着磅礴凝重的气息。

扩展阅读　**商代的妇好三联甗**

　　妇好三联甗于1976年出土于河南省安阳市小屯村殷墟妇好墓中，通高68厘米，长103.7厘米，宽27厘米，重138.2千克。甗是古代的一种炊器，由两部分组成，上部是蒸食物的甑，下部是煮水的鬲。此三联甗是由一件长方案形鬲和3个大小形制基本相同的甑组成，因其形似三件联为一体的甗，故名"三联甗"，看上去有如长条桌上放置了三口蒸锅。鬲作长方形，有6个曲尺形方足，腹底平而中空，腹内用以盛水。三甑为敞口方唇敛腹，底有三扇面形孔，双耳上饰兽首，口沿下饰夔纹。灶口周饰蕉叶纹及云纹带，案四壁饰夔纹带，间以涡纹，其下加垂叶纹。

　　此器形制独特，纹饰精美，且十分实用，各甑内壁及两耳下外壁均有"妇好"二字铭文。妇好为武丁之妃，此物当为商代后期王室特有的器物。这是商代家具中具有代表性的一件，现藏中国国家博物馆。

# 第十章 三代体验——夏商周日常生活记事

夏商周三代是我国的奴隶制社会时期,百姓在生活上有其独特的一面,后世很多生活习惯都源自三代。下面我们就一起感受一下夏商周时期的日常生活。

## 夏商周时代的交际文明

饮酒，作为人际交往中的一种形式，在夏朝时已十分盛行。社会生活中群饮多半是为了交际，当然有相应的礼仪，可惜缺少文字记载。婚恋是交际礼仪的重要组成部分，在《吕氏春秋·音初篇》中有这样的记载："禹行功，见涂山之女，禹未之遇而巡省南土，涂山氏之女乃令其妾待禹于涂山之阳，女乃作歌，歌曰：'候人兮猗！'实始作为南音。"涂山氏之女让她的侍女站在大禹必经之路的两旁，见大禹来了，便放开歌喉唱："等你呀！"以转达主人的爱慕之情，直接、热烈而率真，省却了繁文缛节。

夏商周三代都尊黄帝为祖先，所以中华民族的交际礼仪继承了黄帝时代传承下来的礼仪核心，亦即统一于华夏交际礼仪，同时也发展了其他交际礼仪。据《礼记·礼器》记载："三代之礼一也，民共由之。"所谓礼，虽然主要指统治阶级的典章制度，但也包含了交际礼俗。"一也"即一脉相承之意。

据《论语·为政》记载："殷因于夏礼，所损益可知也；周因于殷礼，所损益可知也。"孔子在强调继承关系的同时，又指出有所"损益"，即指礼是变化发展的。夏商周交际礼仪的发展，以长期融合而成的中华交际礼仪为基础，同时也不排除商人吸收了东方的东夷文化和东北的燕文化，周人吸收了西北的戎狄文化及南方的苗蛮文化等。吸收和融合的结果，使中华交际礼仪日臻严密，且具有更广泛的适应性。

以宴饮为例。西周时期，宴饮受政治制度的影响，成为重要的庆典活动和交往的礼仪形式。为了适应其礼仪性质，对宾主在宴会中的行为、使用的食品、食品的陈放形式、音乐、环境布置等均有一系列烦琐的规定，如规定了宾主应酬中酒的数量和饮酒的秩序，规定酒具、饭食、荤肉、素菜摆放的位置和组合的形式，规定了选贤任能的"乡饮酒礼"等。

以文字以例。作为书面语言，其创造的根源仍是为了适应交际需要，也必然反映并扩大、推动交际礼仪的发展。汉字兼有象形、表意的综合功能，其中有一部分至少是比较原始、客观地记载了夏商周交际的习俗，如"宾""客"二字。甲骨文里的"宾"，上面像屋顶，下面从人从止，意思是客人来到屋子里，即宾客到门，本义是客人、贵客。"客"，比甲骨文稍晚的铜器铭文里有此字，上部像屋顶，下部"各"是到的意思，即从外面进到屋子里，亦即有人自外而入，即所谓拜访。由此可知，在奴隶社会初期人际交往的频繁。

如果说夏以前的交际礼仪尚有史前传说之嫌，那么典籍上所载的商周礼仪，又有大量的出土文物佐证，则不应引起太大的质疑。夏商周三代整个礼仪的思想基础都建立在对鬼神、天命的迷信上，从出土的卜辞、礼器和殉葬品以及传世的文献资料来看，足见其"国之大事，在祀与戎"，且在诸多频繁的祭祀中又有等级身份的区别，于是交际礼仪的内容和形式，在尧、舜时代一脉相传的基础上，更加突出了君臣、父子、兄弟、亲疏、尊卑、贵贱等关系。

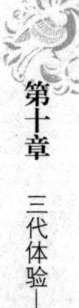

值得注意的是，中国文化史上第一部相对系统记载礼仪的《周礼》在周初就已出现，其所记即为后世传颂的"周公制礼"。《礼记·明堂位》称："武王崩，成王幼弱，周公践天子之位，以治天下。六年，朝诸侯于明堂，制礼作乐，颁度量，而天下大服。"人们通常认为传世的《周礼》和《仪礼》就是周公的遗典，此二书再加上《礼记》总称"三礼"。虽然对这一说法目前尚有争论，但《仪礼》是先秦时代部分礼制的汇编，看来是不错的。《周礼》和《仪礼》未必全出自周公之手，史传的周公制礼可能也只是周公颁布了一套维护奴隶主统治的典章制度，构成了《周礼》的原始形态。这套由周公奠定的典章制度，不仅从文字上确立了制礼的历史，而且从概念上承认了包括交际礼仪在内的礼俗，对后世的交际礼仪影响颇大。

自周代开始，礼正式两向分流，一为国礼，一为家礼。特别在春秋战国时代，这种分化尤为明显。《管子·牧民》中有"大礼"和"小礼"之说，"礼之大者在国家章典制度，其小者在平民日用居处行习之间"。此外，礼制的制定会从庶民中吸收一些礼仪习俗，即所谓"礼失而求诸野"，故《礼记》有"礼从俗，事从宜"的说法。正因为这样，在《周礼》中仍保存着部分交际礼的习俗，且至今还在民间发挥作用，如其记载的关于说话、坐、立、行、出的方式，在老者、父辈友人面前等应当注意的礼仪。

## 商代的饮食文化

民以食为天。据专家考证,商代时中国的饮食文化就已经发展到一定的水平。不仅有主食和副食之分,还有专门为王公贵族服务的厨师,而且在厨师中也有详细的分工,基本上掌握了目前常用的煮、腌、蒸、烤等多种烹饪方法,为中国饮食文明奠定了基础。

据考证,商代平民和奴隶通常是一日两餐,两次开饭时间大致相当于现在的上午9点和下午5点。王公贵族们则是一日三餐,除了上述两餐之外,还要在晚上加一顿消夜。

根据对甲骨文资料和其他考古资料的研究,专家们认为商代种植的作物最普遍的是稷和黍。稷是当时占主要地位的粮食作物,这个名称是当时的叫法,实际上就是小米。它之所以能成为商人主要的粮食,是因为其耐旱的特性,使它成为所有农作物中最容易种植的,而且产量比其他粮食作物要高,易于保存。黍就是黍子(去皮后就称为黄米),它的产量不如稷,却是酿酒的必需品,因此种植也颇为广泛。除了稷和黍,商人也种植麦、稻、菽(豆)等作物,但这些作物在当时都属于奢侈品,只有贵族才

第十章　三代体验——夏商周日常生活记事

可以享用。

商代的肉食种类与现在基本没有差别。瓜果、蔬菜等素食的种类虽然远不如现在丰富，但也有很多选择。这些也属于贵族的奢侈品，平民和奴隶几乎没有机会尝到。

据考证，商人的烹饪方法已经相当高明。商代的名相伊尹就曾是一位高明的厨师，《史记·殷本纪》里说他曾"负鼎俎，以滋味说汤，致于王道"，以饮食诠释治国之道。商代的厨师们多半已经能烹调出多种精致的美味，否则这位宰相大概无法通过饮食来说明那样深刻的道理。根据对磨盘、杵臼这些粮食加工器具的研究，专家认为商人很可能已经懂得用麦子制作面食，而甗和甑这两种炊具的大量出土也可用以证明商人已经开始蒸饭。他们烹饪肉食的方法更是多样，炖和煮是普遍方法，此外还有烤、晒等，并且已能制作腌肉和腊肉。此外，当时的饮具也已经有了明显的分工，譬如鼎用来煮肉，鬲用来煮粥。

商人喜欢喝酒在学术界已成为共识。在《诗经》中就有很多反映商人喜欢喝酒的句子，大批酒器的出土再次证明了这一事实。不仅有喝酒用的爵、斝、角，存酒用的尊、壶、卣、罍，还有盛酒、调酒、温酒用的各种器具。商代的酒，酒精含量较低，主要为用粮食酿造的米酒和用水果酿造的甜酒。

在多数情况下，商人直接用手抓饭吃，虽然那时已有筷子，但筷子只有吃蔬菜和肉食时才使用。还有一种被考古界称为"匕"的食具，和今天的勺子类似，但在样式上又有区别。有些匕是用骨头做成的，前端呈扁平状，被磨制得极其光滑。他们盛放饮食的器具也有明确的分工，盛饭和盛菜的器具、盛放主食和盛放副食的器具都是有区别的。商人盛饭用的器具主要是铜制或陶制的簋，商代的簋多为圆形，有两只耳。盛肉的器具主要是盘和豆，盛酒的器具则多为罍、爵。当时还没有出现桌子和椅子，吃饭时席地而坐,因此为了方便,当时的食具都有高高的足。

只有贵族才有条件充分享受肉食和各种珍异之物。据《礼记·曲礼下》记载,当时用于祭祀的食物有牛、羊、豕、犬、鸡、雉、兔、鱼。《礼记·内则》曾列举公食大夫的宴席规格,饭:黍、稷、稻、粱、白黍、黄粱、稰、穛;膳:牛肉羹、羊肉羹、猪肉羹、牛炙、醢、切牛肉、牛胾、羊炙、切羊肉、豕炙、切猪肉、芥酱、鱼脍、雉、兔、鹑;饮:重醴、黍酏、浆、水、梅酱、滥;羞:糗、饵、粉、酏。《礼记·内则》中还讲到贵族平时宴食中的一些食物,有蜗、雉、兔、鱼卵、鳖、蚁卵、雁、麇、蜩、范等,可谓五花八门,无奇不有。调味品主要是盐和梅,属咸、酸二味;苦味当时靠酒解决;辣味有姜、葱、蒜(卵蒜)、芥;甜味有饴(麦芽糖)、蜜。西周时期的蔬菜,据《诗经》《周礼》等书中所言,有韭、葵(冬葵)、芥、菖蒲、笋、韭、薤、芹、芦、瓠、蔓菁、菲(萝卜)等。

贵族在正式场合中吃饭有严格的等级规矩,使用的器具规格有九鼎、七鼎、五鼎、三鼎、一鼎等几个等级,即所谓"列鼎而食";吃饭时,还有乐舞助兴,即后人所谓"钟鸣鼎食",而一般庶人则过着十分清苦的日子。春秋时,人们习惯于把在位有禄的贵族叫"肉食者"(《左传·庄公十年》),战国时的孟子把普通老百姓"七十者可以食肉""老者衣帛食肉"作为治世的理想(《孟子·梁惠王上》),足见古时庶民们一般是吃不上肉的。平常年景也多是以粥和菜羹果腹,遇有青黄不接的荒年饥岁,就只好靠荼(苦菜)一类的野菜打发日子(《诗经·豳风·七月》)。

## 商周时代的建筑文明

相比前人，商人建造的房屋更加合理，居住也更加舒适。从出土的台基、筑洞和建筑构建来看，商城内大有宫殿，小有地穴，单间与套间并存，回廊与重檐掩映，居住条件已有很大进步。

商代的房舍建筑已不仅仅是满足人们遮风避雨的需要，更是身份地位高低的标志。奴隶主贵族的房屋拥有宽大的回廊和重檐，室内"宫墙文画，雕琢刻镂"，而奴隶和平民居住的地穴式房屋，在商城内虽然仍可见到，且数量不少，但已是最差的房屋。

专家推测，商代的平民居室内应该已经有了诸如土床、灶、灰坑等一些比较简单的家具和陈设。当时的家具少有木制品，大多是用泥土垒造的。屋内最大的家具应当是床，当时的床与现代的床不同，是兼有坐具和卧具两种功能的家具。一般的半地穴式房屋中都建有一到两个长方形的土床，床上铺着竹席或苇席。席在商代具有非常重要的作用，不但床上需要铺席，人们坐在地上时也需要席子，乃至死后也是用席子包裹着放入棺材中的。灶则是居室中做饭的地方，多位于屋子的墙角和墙根处。居室内还特意挖出壁龛以及灰坑一类的坑洞，大体上类似于今天的储物柜或是垃圾桶。此外还有俎和禁两种青铜器，其造型和基本功能类似于现代的桌、几一类的家具。

从今天所能见到的商代建筑考古成果来看，当时的人已经掌握了颇为高超的居室设计技术，以水测平、日影定向等技术已经出现，而且手法相当先进。商代宫殿已经修盖了屋檐，这种设计不仅能保护外围的木结构免受日晒雨淋，而且能增加建筑的美观性。当时的宫殿建筑，主要的形式有三大类，分别是四合院式、回廊式和复合式。第一种类似北京胡同中的四合院格局，台基是正方形，四周有围墙，圈出庭院，正殿在北，其余三面都建有廊庑；第二种也是正方形，不过屋室并列在台基上，周围是回廊，廊外有柱子支撑着的挑檐，挑檐凸出，上端是重檐；第三种属于前两种的复合。

西周平民居住的半地穴式的房子在陕西西安沣西张家坡、河北磁县下潘汪、北京刘李店、洛阳王湾等地皆有发现。这种房屋的建造方法是先在地面挖出长方形、椭圆形或圆形等深浅不等、面积不一的土穴，然后再放火烧地基，这样既防潮又平整。穴壁大多为室墙（有的还涂细泥作为修饰），部分浅土穴在地面上可能还有一段土墙，以增高室内高度。室内及墙外四周挖有大小柱洞，以木为柱，上覆草顶，房顶可能作四阿式或圆锥式。室内有灶及储藏物品用的窖穴（有的窖穴在室外）。房屋基本上都是单间，个别大一些的房屋中间有道隔墙，将居室分为两半。

西周的建筑遗址，到目前为止进行了比较系统的发掘、清理并有较大收获的首推陕西岐山凤雏村西周甲组建筑基址。据推测，基址的年代当始建于武王克商前，并一直延续使用至西周晚期。在甲组建筑基址的西边还有乙组建筑基址，按传统"庙在寝东"的说法，甲组建筑群应为宗庙，乙组为寝宫。甲组建筑基址的房基占地1469平方米，以门道前堂和过廊构成中轴线，东西两边配置门房、厢房。堂前有大院子，由三列台阶登堂，左右各有台阶二组登东西回廊。堂后有过廊通往内室，过廊两侧为东西两小院（庭）。前堂为主体建筑，台基最高，面宽6间，通长17.2米，进深3间，宽6.1米。台基为夯土筑实，但北壁用土坯砌成，上涂三合土。后室5间，面宽23米，进深3.1米，有走廊，地面为三合土灰浆面。东西厢各有八室，南北排列，东西对称，前檐有走廊，地面亦为三合土灰浆面。台基下有陶管或卵石砌成的排水道，台檐外面均有散水沟或散水面，排水设施良好。墙体为夯土版筑或草拌泥垛筑。屋顶有前堂悬山顶或四阿顶，后室及两庑为单面坡顶或两面坡顶，覆以芦苇束、草泥和少量的瓦（可能仅用于屋脊、檐口及天沟附近）。瓦有阴阳板瓦和筒瓦，部分瓦上有环或瓦钉。整个建筑具有四合院的基本特点，开后世中国建筑正统布局之先河，堪称中国传统建筑的早期典范。

半地穴式的房屋显然不适用于南方潮湿多雨的自然环境。南方的房屋主要为木结构。在湖北荆门、圻春等地都发现过西周时期的木构建筑遗址，并发现有成组的木构楼房。

据文献记载，周文王建都于丰邑，在今陕西西安沣河西岸；武王建都于镐京，在今西安沣河东岸。中华人民共和国成立以来，考古工作者在沣河两岸进行了大量的考古调查与发掘工作，初步确定丰邑的中心地区在沣河中游偏北，北至客省庄、张家坡，南至西王村、冯村，东至沣河，西至灵沼河，总面积约600万平方米。在这里发现了一些宫殿建筑基址，铸铜、制陶、制骨等手工业作坊遗址及贵族墓地。例如1983年至1985年，在沣西马王村及客省庄发现十几处夯土建筑基址，其中四号建筑基址，平面为"T"字形，东西长61.5米，西部最宽处为35.5米，东部残宽27.5米，总面积达1826.96平方米，是目前已发现的最大的一座西周建筑基址。关于镐京，现已查明其中心地区在沣河东岸洛水村、上泉北村、普渡村、花园村和斗门镇一带，其中一部分被汉武帝在元狩二年（公元前121年）修建昆明池时破坏，现存面积约有4平方公里。在洛水村也发现了一些大型建筑基址。

周人兴起于今陕西扶风、岐山两县交界处岐山以南的周原地区，中华人民共和国成立以来，在周原地区发现了一些重要的宗庙宫殿建筑基址。1976年，在岐山凤雏村发现一组西周时期的宫室或宗庙建筑群址，坐北朝南，前后两进，全部坐落于夯土台基之上，房基南北长45.2米，东西宽32.5米，面积约为1500平方米。南面正中是大门，门道宽3米，东、西两旁为房屋（东、西塾），大门外南边有影壁。进大门后是一个大的庭院（中庭），东西长18.5米，南北宽12米。庭院北面是一座殿堂，是这组建筑的主体建筑，面阔6间，长17.2米，进深3间，宽6.1米。主体建筑之后是一个小庭院，又被中间一条宽约3米的过廊分为东、西两个各8米见方的小庭院。

后庭之北为最后一座建筑（室），面阔5间，东西长23米，南北进深3.1米。在大门、主体建筑至最后面建筑的东西两侧各有一排厢房，各有8间，进深2.6米，宽4.2米至6.2米。这样就由大门、东、西厢房及后室组成了略呈"回"字形的封闭式建筑，将主体殿堂包围于中心，布局规整严谨，与《仪礼》等文献记载中的"前堂后室"或"前朝后寝"的制度相符合。房屋的墙壁用夯土筑成，一般厚0.58米至0.60米，地面及墙面均抹以由细砂、白灰和黏土混合而成的"三合土"，平整且坚硬。

瓦的发明和使用是建筑用材和技术上一个很大的进步，根据考古发现，西周以前房屋的屋顶全部是用茅草覆盖的，即文献所载的"茅茨土阶"。西周初期出现了瓦，最初数量很少，可能仅用于覆盖屋脊。到了西周晚期，瓦已大量使用。1976年，在陕西扶风召陈村西周晚期宫殿建筑基址上发现了大量的板瓦和筒瓦，有的筒瓦还带有半圆形瓦当。在瓦的背面或正面，出现用以固定位置的瓦钉或瓦环。在西安沣河东岸洛水村发现的西周晚期的大板瓦，长约0.45米，宽约0.3米。这些都说明到了西周晚期，屋顶已大部分用瓦覆盖，已能较好地解决屋顶的防雨问题。由于屋顶用瓦，使屋顶的重量大增，这就促使中国古代建筑的梁架结构及柱础发生了重大变化，在陕西扶风召陈村发现的西周晚期的建筑基址的柱子加密、柱础加大及加固就是证明。

## 二里头宫殿遗址

　　河南省偃师二里头村是二里头文化的典型遗址，年代约为公元前1700年至公元前1500年左右。在二里头遗址发现了迄今所知中国最早的宫殿建筑基址，揭示了早期封闭式庭院的面貌。

　　这座宫殿基址坐落在二里头遗址中部，面积约1万平方米，坐北朝南，下面有台基，台基上面是由殿堂、廊庑和门庭等单体建筑所组成的一个建筑群。中部偏北是殿堂，堂前是平坦而宽阔的庭院，南面有敞阔的大门，四周有彼此相连的廊庑。院南沿正中有面阔8间的大门一座，在东北部折进的东廊中间又有一处门址。遗址未发现瓦件，应是用茅草覆盖屋顶。《考工记》和《韩非子》中都记载了那时的宫殿是"茅茨土阶"，殿顶是"四阿顶"（后世称为"庑殿顶"），这一直是中国建筑中尊贵的屋顶形式。

## 绚丽多姿的服饰文明

由于夏商周三代距今历史久远,且衣服又属于难以保存的物品,所以到目前为止,还没有发现商代的服装实物。现在研究商人的穿衣打扮,除了通过古代文献中的零散记载外,主要靠考古发现的玉、石、铜、陶人像雕塑中的服饰推测。

尚处于奴隶社会的商代是一个由奴隶主贵族统治的朝代,处处显示着等级的高低,在穿着上亦不例外。奴隶和平民的衣饰简陋,而奴隶主贵族则要考究得多。

从衣料上看,商代平民和奴隶多着植物草茎编织品,这种编织品做工粗劣,色调单一。大多数奴隶实际上是没有衣服穿的,只能赤身裸体,或是在腰间束条布带;奴隶主贵族则讲究衣料,其衣物大致分两种,即衣与裘。

裘是用兽皮制成的衣服的统称。裘在商代属于比较贵重的服装,这个名字一直沿用至今,含义未发生大的变化。

在服饰上,商人穿衣打扮的基本模式就是衣与裳。"衣裳"这个词现

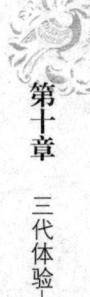

第十章　三代体验——夏商周日常生活记事

在泛指衣服，但在古时是有很大区别的，衣专指上衣，裳则是所有下装的统称，而且当时的下装是不包括裤子的，只有裙子。商人一般就是上衣下裳，然后在腰间束一条腰带。

贵族的服装样式精致讲究，而且等级不同的贵族，其服饰也不尽相同，主要体现在上衣的长度和领口的形式上。

据专家考证，当时中原地区地位稍高的贵族，衣服一般都带有华丽的图案或花纹，上衣的长度一般会到臀部，袖口比较窄，袖子盖住手腕，无论男女下身都是一条带褶的短裙。他们的衣领和衣襟与现在的西装相差不大，两边衣襟交叠在胸前，只不过商人的右襟要压在左襟上，与现在正好相反。地位稍低的贵族所穿的衣服样式和地位稍高的贵族的衣物样式大致相同，只是前者上衣的长度稍长，前襟在膝盖以下，后襟要达到足部，且衣服上一般没有花纹。下层平民和奴隶则相对简陋，衣服一般是圆领，下摆一直拖到地面上。

商人已经开始逐渐摆脱光脚走路，因此鞋子的质地和式样也显得尤为重要。大多数平民和奴隶还是赤脚，但也穿用树皮、草、麻等材料编成的草鞋。这样的草鞋只有鞋底，用绳子穿起来系在脚面上。地位稍高的贵族的鞋子多是皮制的，鞋帮比较高，鞋尖向上翘，鞋底是平的。天子、诸侯及其家眷所穿的鞋子则有丝织的，同样也是平底高帮。中下层贵族们的鞋则要简陋一些，多是用麻葛布制成的。

除了衣服和鞋子，商人也开始有了戴帽的习惯。不过当时的帽子样式单调，戴的人也不多，他们更注重发型和首饰方面的装扮。当时的人喜欢使用玉制或骨制的簪子来簪头发，并且能做出很多种别致的发型。他们还喜欢在衣襟上镶漂亮的花边，在衣角、腰带上垂挂各种佩饰，并佩戴手镯、项链等饰物。制作这类饰物的材料也是多种多样的，除了玉和骨头，还有石头、蚌、贝壳等材料，制作的工艺也颇为先进。

西周用来制作冠、带、衣、履的材料有丝、麻、毛、皮等。当时的丝织品，主要是平纹的帛。

同时，有身份的人头上一般有首服（头衣），头衣又可称为冕、弁、冠。冕是王公诸侯的首服，弁是礼用首服，冠是贵族们通常戴的首服。贵族男子到成年时要举行加冠礼。一般只有贵族才戴冠，庶人只着头巾，但也有例外，如《礼记·郊特牲》即言蜡祭时野夫（农夫）着黄冠。

# 西周时期的城市生活

中国古代城市大量兴起的第一个高潮，是在公元前11世纪左右。周武王姬发率众攻陷了商朝国都——朝歌，建立起西周王朝。西周社会是中国历史上一个极其重要的时期，无论是政治体制、经济体制，还是思想文化等方面，在中华民族的历史上都留下了不可磨灭的痕迹。中国古代城市的兴起，也是从这个时期开始的。

为了维护和巩固封建领主的统治，开国之初，周天子分封了大量诸侯。据司马迁《史记·周本纪》记载，西周初年共分封了大小诸侯几百个。这些大大小小的封国，既如众星捧月，烘托着周天子的尊严，又盘根错节，维系着周王朝的统治。

这些大小诸侯受封之后，必然要到自己的封地去，这样就出现了众多因政治需要而建立的城市。周天子分封诸侯的标准，完全是出于政治需要，无论是地点的选择，还是封地的大小，都取决于受封者与周天子关系的亲疏和军功的大小，或是否有利于西周的统治。这样就造成了中国早期城市的确立主要取决于政治因素，而不是该城市的地理位置或生产、经济的发展程度。因此，中国早期由生产、经济的发展而形成的城市雏形——聚邑，到此面临一个历史性抉择：如果它正好处于诸侯的封地之中，与政治需要相统一，它就能得到继续发展；如果不是这样，它的发展就会受到阻碍。

这种政治城市中的生活，同样被打上了政治的烙印。西周政权从它的统治需要出发，将城市分成3个等级：第一等级是王城，就是周天子的居住地和最高统治机构的所在地；第二等级是诸侯的都邑，这是分封到各地的诸侯的居住地和管理机构的所在地；第三等级是诸侯的、宗室的居住地和诸侯手下各位卿大夫们的居住地（当时称为"食邑"）。这3个等级的城市的建筑规模，如城墙的周长和高度、城中建筑物的区划等，都有严格的规定，绝不允许僭越。

在这些城市里，人们的居住受到严格的限制。就一个城市而言，它分为城、郊、野。城，指用城墙围起来的区域；郊，即靠近城墙的城外地区；野，则为远离城市的地区。城、郊、野区域的大小，完全由该城统治者地位身份的高低来决定。居住在城中的，当然是统治者和贵族，但也有少数平民，其多居住在城中市场附近；居住在郊、野的人们，主要是从事农业生产的奴隶和平民。正如《管子·大匡》中所言："凡仕者近宫，不仕与耕者近门（指城门），工贾近市。"只有这样，才能维护统治阶级的尊严和堡垒内的秩序，否则将"百姓不安其居，则轻民处而重民散"（《管子·七法》）。按管子的说法，士、农、工、商4类居民，如果不安其分，居无定处，就会使"轻民"偷盗，而"重民"会因被盗而破产，所以规定各类人居住的区域是很有必要的。

这个时期，城里绝大多数居民都是统治阶级和贵族，因此当时的城市生活也多以贵族生活为主，而处于城市层的平民的生活却十分单调，只是城市生活的附属品。商周时期的城市平民主要是为统治集团服务的手工业者，生产满足统治者需要的物品。

这些居住在城里的手工业者，大都为官营手工业者。据《礼记·曲礼下》记载："天子之六工，曰土工、金工、石工、木工、兽工、草工，典制六材。"在这几个大部类下，每类各有分工。这些"在官之工"统称为"百工"。正是这些"百工"的经营，形成了众多的手工业门类。比如，木工这一大类就包括制造车辆的木工、制造车轮的木工、建造房屋的木工、制作家具的木工等；皮革工，又分为制皮工、皮鼓工、皮裘工、梳皮工等。无论从事什么行业的手工业者都会被官府统辖在官营的"天子六部"之中，这就是史书上"工商食官"的由来。

这些门类众多的手工业部门生产的产品，绝大多数都不是以商品的形式出现的，而是以贡品的形式无偿地提供给统治阶级或贵族。据《尚书·禹贡》记载，当时的贡品有兖州的漆器、丝织品，青州的细葛织品、海产品，徐州的磬，扬州的金三品（金、银、铜制成的饰品）、羽制品，荆州的朱丹、箐茅（祭祀用品）、玑组（玉或玛瑙制作成的不规则的挂件饰品），梁州的熊黑、狐狸之皮……从这里可以看到，这些贡品绝大多数都是高级品，城里的平民百姓，包括这些贡品的生产者，都是无缘享受的。

### 跳 丸

　　跳丸，也称弄丸。这种游戏形式在东周时期就已经出现在楚国一带，游戏技巧也已达到很高的水平。跳丸时，抛接的圆丸数量越多，难度就越大。一般来说，到五丸之数时，要想增加一丸，非有两三年工夫不可。游戏时，将铃丸从手中有规律地连续抛接，就像喷射的泉水一般，如果是多人集体表演相互抛接，更是银光闪闪，恍若流星行空，令人目不暇接，既扣人心弦又气氛热烈。由于跳丸具有独特的技巧和艺术性，已成为几千年来杂技演出中盛行不衰的节目。

## 扩展阅读　　大禹功绩

　　禹，在先秦文献中又被称为夏禹（《国语·郑语》）、伯禹（《国语·周语下》）、崇禹（《逸周书·世俘解》）、大禹（《战国策·齐策》）等。关于禹的出生地，相传在夏族发祥地豫西、晋南一带，但汉、晋时亦有禹生于四川石纽、长于西羌的说法，石纽即今四川汶川县。此外，还有禹生于会稽（今浙江绍兴）的说法。大禹是中国历史上大名鼎鼎的英雄人物，有关他的事迹有大禹治水、征战三苗、涂山之盟和禹铸九鼎等，兹分述如下：

有关大禹及其治水的历史，见诸先秦文献的有《尚书》中的《尧典》《皋陶谟》《禹贡》《洪范》《立政》《吕刑》等，在《诗经》中的《大雅·文王有声》《大雅·韩奕》《小雅·信南山》《商颂·殷武》《商颂·长发》等，在《左传》《国语》《论语》《孟子》《墨子》《荀子》《庄子》《管子》《吕氏春秋》等中也有记载。西周中后期的遂公盨、春秋时期的秦公簋和齐叔夷镈等铭文中也都记载了禹的事迹。

相传在尧做华夏部落联盟领袖的时候，发生过一次长时间的特大洪水。滔滔洪水咆哮着四处横流，田地被淹没，庄稼被冲毁，房屋倒塌，牲畜死亡。洪水泛滥，逼得人们逃上高丘避难。居住在平原地区的人就在大树上搭起木架巢居。洪水时涨时退，人们根本无法耕种。这就是《孟子》书中所说的"当尧之时，天下犹未平，洪水横流，泛滥于天下。草木畅茂，禽兽繁殖，五谷不登，禽兽逼人，兽蹄鸟迹之道交于中国"。

于是，尧命鲧去治理洪水。鲧接受了尧的任命以后，就采用从前共工治水"堕高堙庳"的办法。当年共工治理泛滥的洪水，采用的方法是将高的地方铲低，把低的地方填高，也就是用土把水堵起来，但这是一个失败的方法。鲧认为共工之所以失败是因填堵得太低，未能阻挡住流水。因此，他继续采用这种筑堤围堵的方法来使洪水归流。

鲧用筑堤围堵的方法，不但没有把洪水堵住，反而越积越多，最后把堤冲溃了，大水更加横流泛滥。鲧虽然辛辛苦苦奔波了9年，修筑了许多大大小小的堤防，但是堵了东边西边溃堤，围了南边北边泛滥，始终没有把洪水治好。这时，华夏部落联盟的首领尧，由于年老而让位给舜。舜见鲧治水9年，不但未成功，反而使人民不能安居且继续遭受损失，就在部落联盟议事会上指责鲧"治水无状"，将鲧流放到羽山（今属江苏），后来又将他诛杀了。

鲧治水失败后人们一致举荐禹领导治水。禹是鲧的儿子，从小跟从先人治水，积累了许多实践经验，也深知鲧失败的原因。禹为人勤劳、俭朴，又很谦虚。他再三推荐贤者以自代，但大家还是把这项重任托给他。

禹遂毅然奉命，不敢懈怠。他背着干粮，拿着工具，勘察山川地势，足迹遍及九州。禹在亲自调查研究的基础上改变了各氏族部落分散治水的办法，动员九州的力量统一划分治水区域，并把边界上的大树剥掉皮，刻上标记，以作标志。禹借鉴鲧治水失败的经验教训，改用"疏导"的方法，先导大河之水入于湖海，再导沟壑之水入于大河。禹用了13年时间，终于把洪水驯服。

这就是家喻户晓的"大禹治水"的故事。这个古老的故事告诉我们，浩浩荡荡的洪水给先民们造成了灾难，人们在同灾难的斗争中增长了才干。洪水被战胜了，由于各部落在治水过程中密切合作，使氏族部落之间的界限也在同洪水的斗争中进一步突破了。这种在同自然斗争的过程中引起的组织形式的变革，不久就反映到社会政治生活中。

禹为中华民族做出了不可磨灭的贡献，受到了人们的崇拜，因此关于他的神话传说也很多。

关于禹的出生有一个美丽的传说。据说鲧偷窃了天帝的宝物"息壤"以治洪水，天帝发怒，命火神祝融把鲧杀死在羽郊。鲧死了3年尸体都不腐烂，有人用刀剖开他的肚子发现里面是禹，而鲧自己则变化成一头黄熊（一说黄龙）隐入山中。

禹忙于治水，到了30岁还没有结婚。这时来了一只九尾白狐，变化成一个叫涂山氏的美丽姑娘，向禹唱歌示爱，禹就和她结了婚。可是禹婚后仍然忙于治水，很少回家，涂山姑娘想念禹，去治水工地找他，却正好看见禹变成一头熊在挖山洞。涂山氏觉得嫁给一头熊很羞耻，转身就跑。禹在后面追，匆忙间忘了变回人形。涂山氏见是一头熊追来，就变成了一块石头。禹对着石头大声说："还我儿子来！"石头就裂开了口，出来了一个小孩，小孩的名字就叫启。

此外，传说他得到了许多神灵的帮助，如有黄龙替他曳尾疏导河川，有鱼身人脸的河精给他送河图，又有蛇身人面的神送给他长一尺二寸的玉简来量度天地、平定水土等。禹在治水过程中也杀死了一些水怪、山妖、木魅等危害人类的妖怪，还曾擒杀水妖无支祁。

第十章 三代体验——夏商周日常生活记事